Matthew Manning:
Handbuch der Selbstheilung

Aus dem Englischen von Thomas Poppe

INHALT

Vorwort 7

1. Warum werden wir krank? 11

2. Mörder Streß 39

3. Sie können sich selbst heilen 83

4. Schöpferisches Visualisieren 119

5. Die spirituellen Aspekte von Krankheit 161

Weiterführende Literatur 203

VORWORT

Matthew Manning ist ohne Zweifel ein außergewöhnlicher junger Mann. Viele Menschen, denen er geholfen hat, hätten dieses Vorwort scharfsinniger schreiben können als ich, da bin ich sicher.

Ich bin vielen Patienten begegnet, die zuvor Matthews Praxis aufgesucht haben, um von ihm geheilt zu werden; jeder einzelne von ihnen, ausnahmslos, hat großen Gewinn aus der Begegnung mit ihm gezogen. Eine wichtige Rolle bei ihrer Genesung und Lebenshaltung spielte dabei das Vertrauen, das sie in seine Arbeit setzten.

Matthews Offenheit und Lernwilligkeit, in Verbindung mit seinen besonderen angeborenen Fähigkeiten, machen ihn zu einer herausragenden Persönlichkeit in einem Bereich, der von Argwohn und Mystizismus umweht wird.

Meine langen Jahre der Ausbildung als Arzt, Anästhesist und Hypnotherapeut haben mir gezeigt, wie viele Dinge wir über den menschlichen Körper und seine Heilungsprozesse *nicht* wissen. Matthews Kräfte und Fähigkeiten werden in medizinischen Lehrbüchern nicht diskutiert, aber ich kann ihre Wirksamkeit nur bestätigen, wenn ich an diejenigen seiner Patienten denke, die ich kennenlernen durfte.

Je mehr wir über uns selbst und unsere Selbstheilungskräfte erfahren und lernen, desto weniger wahrscheinlich werden wir Medikamente brauchen oder jemand anderen, der uns wieder »repariert« mit Hilfe von Injektionen, Operationen oder der Vielzahl von Labortests, die heute zur Routine im ärztlichen Berufsstand geworden sind. Ich habe die Hoffnung, daß die Arbeit von Heilern wie Matthew eines Tages Seite an Seite mit dem Beruf des Arztes bestehen kann — anerkannt und verstanden, als Teil der Heilmethoden, die jenen zur Verfügung stehen, die ihrer bedürfen.

Ich glaube, daß dieses Buch einen Beitrag zu dieser notwendigen Aufklärungsarbeit leisten wird, und mit der Zeit wird Matthews Arbeit im Spektrum der Heilkünste gesehen werden — mit der Schulmedizin als einer unter vielen.

Interessanterweise führte mein Zugang zum Verständnis von Krankheit und Gesundheit zuerst über den Beruf des Allgemeinarztes, von dort zum Anästhesisten und schließlich zum Hypno- und Gesprächstherapeuten, um den Menschen bei ihren Problemen beizustehen. Matthews Weg verlief völlig anders, und doch haben wir in bezug auf unsere Ansichten über Krankheit — ihre Ursachen und Selbstbehauptung — so vieles gemeinsam, daß man auf die Idee kommen könnte, wir hätten die gleiche Ausbildung genossen.

Für die vielen Menschen, die Matthew nicht persönlich kennenlernen können, repräsentiert dieses Buch ihn selbst und seine Ideen und Gedanken. Die Erfahrungen und Fallbeispiele, die auf den folgenden Seiten zum Ausdruck kommen, werden Ihnen helfen können, innere Einstellungen und Methoden, die auf Ihre Probleme anwendbar sind, zu verstehen. Seine Ratschläge in Verbin-

dung mit Ihren persönlichen Erfahrungen werden ein wichtiger Faktor zur Erhaltung Ihrer Gesundheit sein — sei es bei der Vorbeugung oder der Heilung von Krankheit.
Matthew hat einfach und lesbar geschrieben, und die Verweise auf Fallbeispiele zur Erläuterung seiner Argumente machen das Buch um so glaubwürdiger. Selbstheilung verlangt von uns, daß wir die Verantwortung für unsere Gesundheit übernehmen und die Verpflichtung eingehen, zu tun, was zu ihrer Erhaltung erforderlich ist. Ich glaube, dieses Buch wird eine solide Grundlage bilden für den Weg zu einem gesünderen Leben.

DR. MED. DR. PHIL. BRIAN ROET

1.
Warum werden wir krank?

Schon sechs Monate lang war Mary in meiner Behandlung, eine junge Frau, die unter dem Morbus Hodgkin litt, einer Krebserkrankung, die das Drüsensystem befällt. Bei unserer ersten Begegnung ließ die medizinische Prognose nicht gerade optimistisch in die Zukunft blicken. Der schulmedizinischen Behandlung war es nicht gelungen, das Fortschreiten der Krankheit aufzuhalten. Aber jetzt hatte sie die Nachricht erhalten, daß ihr Krebs am Abklingen sei.
In der folgenden Woche erlitt sie einen Nervenzusammenbruch. Zu diesem Zeitpunkt konnte niemand begreifen, warum sich Mary gerade jetzt so deprimiert fühlen sollte, wo doch die Bedrohung, die über ihrem Leben schwebte, verschwunden war.
»Ich habe Angst vor dem Leben, Angst, zu leben«, sagte sie mir, »irgendwie ist sterben leichter als leben.«
Schlichte Tatsache war, daß es zu dem Zusammenbruch kam, weil sie dem Leben nicht gewachsen war. Man hat einmal gesagt, daß Krankheit bei vielen Menschen eine gesellschaftlich akzeptable Form von Selbstmord sein kann. Das klingt nach einer wenig wahrscheinlichen Überdramatisierung, und überhaupt: Würde irgend jemand dieses Buch lesen, wenn es wahr wäre?
Im Grunde handelt es sich um keinen ganz neuen Ge-

danken. Schon vor langer Zeit, im zweiten Jahrhundert nach Christus, machte der bekannte römische Arzt Galen die Beobachtung, daß depressive Frauen zu Brustkrebs neigen, nicht jedoch die lebensfrohen. Im neunzehnten Jahrhundert vermerkte Sir James Paget, daß Fälle von zerstörter Hoffnung und von Enttäuschungen die Entstehung von Krebs fördern. Im Jahre 1926 untersuchte Elida Evans, eine der Schule C. G. Jungs verpflichtete Analytikerin, einhundert Krebspatienten und entdeckte, daß viele unter ihnen vor Ausbruch der Krankheit eine emotional wichtige Partnerbeziehung verloren hatten.*

Zu meinen Patientinnen gehörte eine junge Frau namens Monika. Sie war siebenundzwanzig Jahre alt und an fortgeschrittener Multipler Sklerose (MS) erkrankt; sie war an den Rollstuhl gefesselt, konnte sich kaum bewegen, besaß nur noch 10% ihrer Sehkraft und litt unter Inkon-

---

* In diesem Zusammenhang müssen auch die Forschungsergebnisse des deutschen Arztes und Krebsspezialisten Dr. med. Ryke Geerd Hamer erwähnt werden, die obige Aussagen ergänzen und mit umfangreichem empirischen Material untermauern. Dr. Hamers Kriterien für die Entstehung und Entwicklung von Krebs, die er als »Eiserne Regel des Krebs« formulierte, lauten sinngemäß folgendermaßen:

1. Jede Krebserkrankung entsteht mit einem hochakut-dramatischen und isolativen Erlebnisschock. Dieser bewirkt unmittelbar einen Herd im Gehirn und Krebswachstum im mit diesem Herd korrelierenden Organ.
2. Der Inhalt dieses Konflikts bestimmt die Lokalisation des Herdes im Gehirn sowie die Lokalisation der Krebsgeschwulst im Organ.
3. Der Verlauf des Konflikts korreliert mit der Veränderung des Herdes im Gehirn und mit der Entwicklung der Krebsgeschwulst im Organ.

Nachzulesen in einer 744 Seiten starken Dokumentation von Dr. med. Ryke Geerd Hamer, »*Vermächtnis einer neuen Medizin, Bd. 1*«. Zu beziehen durch Amici di Dirk Verlagsgesellschaft, Sülzbergstr. 29, 5000 Köln 41. (Anm. d. Hrsg.)

tinenz. Sie war mental, emotional und spirituell ebenso behindert wie körperlich. Wenn ich mit der Behandlung eines neuen Patienten beginne, verwende ich normalerweise erst einige Zeit mit Gesprächen über sein Problem und über die möglichen Gegenmaßnahmen. Bei Monika hielt ich es für das beste, ohne vorheriges Gespräch die Heilbehandlung sofort einzuleiten. Ich verwende stets Musik, während ich den Patienten behandle, und mitten in der Sitzung merkte ich, wie sich ihre Beine bewegten. Ich öffnete meine Augen und sah, daß sie ihre Arme über dem Körper gekreuzt hielt und ihren Kopf zurückgeworfen hatte, als ob sie schreien wollte. Statt dessen brach sie in Tränen aus. Nach einer kleinen Weile wurde ihr die Situation sehr peinlich, weil sie offensichtlich merkte, daß ich ihr Verhalten beobachtete. Sie versuchte, sich zusammenzureißen. Später sagte sie mir, daß man ihr früher immer bedeutet habe, Weinen sei ein Zeichen von Schwäche. Nach der Sitzung verließ sie das Zentrum, und ich hatte immer noch nicht viel über sie in Erfahrung bringen können. Am nächsten Tag kehrte sie zu einer zweiten Konsultation zurück, und wiederum hatte ich das Gefühl, daß es wohl das beste wäre, in dieser Phase nicht viel zu reden. Wieder reagierte sie nach der Hälfte der Sitzung, hielt krampfhaft an sich und weinte hemmungslos. Nachdem ich zu Ende gekommen war, saßen wir noch eine Weile beisammen und sprachen miteinander. Ich bat sie, mir zu sagen, ob sie vielleicht etwa sechs Monate bis zwei Jahre vor dem Ausbruch der Krankheit irgendein emotionales Trauma oder einen Verlust erlitten habe. Sie erzählte mir daraufhin eine faszinierende Geschichte.
Als Teenager lernte Monika einen jungen Mann kennen, und sie begannen, sich regelmäßig zu sehen. Nach ein

paar Jahren verlobten sie sich, und als sie achtzehn wurde, planten sie die Hochzeit. Alles war schon arrangiert, der Hochzeitstermin stand fest. Acht Wochen vor der Hochzeit ließ sie ihr Verlobter stehen, und die Hochzeit wurde abgeblasen. Sie war völlig am Boden zerstört. Sie hatte vorher noch keine andere Beziehung gehabt und konnte ein Leben ohne ihn nicht ertragen. Sie schloß sich ins Badezimmer ihrer Eltern ein und öffnete sich mit einer Rasierklinge ihres Vaters die Pulsadern. Sie zeigte mir ihre Narben: Diese hatten keinerlei Ähnlichkeit mit den kleinen Kratzern, die man findet, wenn jemand einen Selbstmord-Versuch unternimmt, nur um Aufmerksamkeit auf sich zu ziehen. Sie wollte sich wirklich töten. Ihre Eltern ahnten jedoch ihre Absicht, brachen die Tür auf und rasten mit ihr ins Krankenhaus, wo man sie vor dem Verbluten retten konnte. Sechs Monate später zeigten sich bei ihr die ersten MS-Symptome: Prickeln in den Armen und Beinen, verschwommenes Sehen und Nachlassen der Sehkraft. Sie hatte tatsächlich versucht, Selbstmord zu begehen, wurde aber daran gehindert. Ihre Krankheit entwickelte dazu eine ähnliche Kraft, und andere können ihren Tod nun viel schwerer verhindern. Obwohl man bei ihr nun MS diagnostizierte, konnte sie immer noch arbeiten und mit Hilfe eines Krückstocks gehen. Sechs Jahre später heiratete sie einen anderen Mann. Tragischerweise scheiterte die Ehe nach zehn Monaten, weil ihr Mann dem Leben mit einer Behinderten nicht gewachsen war. Innerhalb von Wochen verschlechterte sich ihr Zustand rapide, bis zu dem Tag, an dem sie zu mir kam.

Wer einen Selbstmordversuch unternimmt, wünscht sich in den seltensten Fällen, damit erfolgreich zu sein, und hofft fast immer darauf, von jemandem gefunden zu werden, bevor es kein Zurück mehr gibt. Man hört oft von unglücklichen Menschen, die mit dem Sprung von einem Hochhaus oder einer Brücke drohten, nur um dann später von einem Polizeibeamten wieder davon abgebracht zu werden. Wer einen Selbstmordversuch begeht, tut das in den meisten Fällen, weil sich ungelöste Probleme zu einem scheinbar unüberwindlichen Berg türmen. Irgend etwas läuft gründlich falsch in seinem Leben — etwas, dem man sich stellen muß, um zu einer praktikablen Lösung zu kommen. Viele Krankheiten haben für mich den gleichen Stellenwert. Ich akzeptiere keineswegs die Ansicht, daß sich Menschen durch Krankheiten selbst töten wollen. Vielmehr ist die Krankheit ein Zeichen dafür, daß in ihrem Leben etwas nicht stimmt. Hier liegt auch die größte Kluft zwischen der westlichen Schulmedizin und vielen ergänzenden Therapieformen wie etwa meiner eigenen. Orthodoxe Methoden werden angewandt, um mit Hilfe von Medikamenten und chirurgischen Eingriffen Symptome zu beseitigen, aber vielfach ignorieren sie die tieferliegenden Ursachen. Solange man nicht die Ursachen behandelt, ist die Wahrscheinlichkeit groß, daß das Problem zu einem späteren Zeitpunkt wiederkehrt.

Mein Ansatz wurzelt in der Umkehrung negativer, psychologischer und emotionaler Tendenzen, in der Ermutigung des Patienten, sich nicht als Opfer des Lebens, als in einer Falle sitzend zu fühlen, und im schöpferischen und positiven Umgang mit Problemen. Beispielsweise verwende ich das Setzen von Lebenszielen als Mittel, den Kontakt mit der Realität wiederherzustellen. Das bedeutet eine Neuverpflichtung dem Leben gegenüber — die Abwehrkräfte des Körpers reagieren auf die neuge-

weckten Gefühle der Hoffnung, indem sie den Kampf mit der Krankheit aufnehmen. Manche sterben jedoch lieber, als ihr Bekenntnis zum Leben zu erneuern.
Warum sollten einige Menschen den Tod erstrebenswerter finden als das Leben? Oft liegt das daran, daß sie noch nie ihre eigene Identität entdeckt haben, noch nie ihr eigenes Leben gelebt haben. Sie sind deshalb schon seit Jahren gegenüber ihrem wahren, inneren Kern gestorben. Diese »kleinen, täglichen Tode« können schließlich einen Zustand der Hoffnungslosigkeit herbeiführen, der in der lebensbedrohenden Krankheit Ausdruck findet. Hoffnungslosigkeit wurzelt häufig in der lebenslangen Gewohnheit, anderen zu Gefallen zu sein, statt sein eigenes wahres Leben zu leben. Wenn das »für andere dasein« zu einer solchen Last wird, so weit weg von dem, was man im Leben wirklich tun wollte, dann erscheint der Tod als das kleinere Übel.
Ich habe herausgefunden, daß fast so viele unterschiedliche Gründe für die Entstehung von Krankheit existieren, wie es Menschen gibt. Es gibt einige krankheitsauslösende Mechanismen, denen man häufiger als anderen begegnen kann. Interessanterweise scheinen viele von ihnen in unserer Kindheit zu wurzeln. Kinder beispielsweise lernen häufig, daß es einen einfachen Ausweg gibt, wenn sie sich einer Prüfung in der Schule entziehen wollen, für die sie ihre Hausaufgaben nicht erledigt haben. Sie erzählen ihrer Mutter, daß sie Halsschmerzen haben und dürfen dann zu Haus bleiben. Dieses Muster wird schon in jungen Jahren erlernt und gespeichert. Wenn der gleiche Mensch später im Leben in einem langweiligen oder unbefriedigenden Beruf steckt, mag Krankheit als legitimer Fluchtweg erscheinen.

Vielleicht erschien bei Ihnen, als Sie noch ein Kind waren, eines Tages ein Brüderchen oder ein Schwesterchen auf der Bildfläche, und Sie glaubten, daß alle Liebe und Aufmerksamkeit Ihrer Eltern nun von einem Tag auf den anderen ausschließlich dem Neuankömmling zuteil wurden. Aber als Sie mit Masern im Bett lagen, schien Ihre Mutter plötzlich wieder viel Liebe und Sorge für Sie bereit zu haben. Sie machten die Erfahrung, daß zwischen Kranksein, Mitgefühl und Liebe eine Verbindung besteht.

Ist Ihre Krankheit vielleicht ein Mittel, sich einer beruflichen Lage oder einer Situation zu entziehen, die sich anders nicht vermeiden läßt? Verschiebt sie möglicherweise das Gleichgewicht einer Beziehung, indem sie die Einstellung oder das Verhalten des anderen Ihnen gegenüber ändert? Stärkt sie vielleicht die Beziehung?

Eine der ersten Fragen, die ich Patienten im Zentrum stelle, bezieht sich auf ihre berufliche Situation. Ob jemand angestellt, selbständig oder arbeitslos ist, scheint ebenfalls den Gesundheitszustand zu beeinflussen. Über 80% meiner Patienten arbeiten entweder für jemand anders oder sind arbeitslos; Selbständige sind in der Minderheit. Im September 1977 veröffentlichte die englische Monatsschrift *Which?* eine Umfrage unter 24 000 ihrer Leser, bei der es um die Frage ging, welcher Beruf die meiste Zufriedenheit mit sich bringe. Die Zufriedensten arbeiteten gewöhnlich in einer kleinen Firma in verantwortlicher Position, trugen eine hohe Arbeitslast, arbeiteten sehr lange, besaßen aber einige Freiheiten, was ihre Arbeitseinteilung betraf. Auch hielten sie ihre Arbeit für wichtig und verdienten im allgemeinen besser als der Durchschnitt. Die Ergebnisse der *Which?*-Umfrage können Sie der folgenden Tabelle entnehmen.

Wie sehr sind Sie insgesamt mit Ihrer beruflichen Situation zufrieden?

Überdurchschnittlich zufrieden	% sehr zufrieden	Unterdurchschnittlich zufrieden	% sehr zufrieden
Pfarrer	58	Betriebs-/Volkswirt	19
Firmendirektor	48	Computerprogrammierer/Systemanalytiker	18
Landwirt/Gartenbauer	48	Laborassistent	18
Optiker	45	Facharbeiter (z. B. Techniker, Drucker, Schweißer)	18
Rechtsanwalt	43		
Volksschullehrer	42	Ingenieur (alle Sparten, einschl. Elektronik, Elektro und Mechanik)	17
Ladenbesitzer	42		
Universitätslehrer	41	Büro- und Kirchenberufe (Sekretär/in, Telephonist/in, Schreibkraft)	17
Photograph/Kameramann	39		
Versicherungsmakler	37	Management-Trainee	16
Tierarzt	37	Hilfsarbeiterberufe (z. B. Baugehilfen, Ladenhilfen)	15
Schauspieler/Musiker	36		
Sozialarbeiter/Bewährungshelfer	35	Marktforscher	14
		Forschungsassistent	14
		Aktuar	11
		Zeichner	8

Which? fand heraus, daß die Mehrheit der Berufe in den oberen Rängen der Zufriedenheitsskala ihren Mitgliedern durchschnittlich einen höheren Grad an Freiheit über die Art und Weise der Arbeitserledigung zugestand und daß viele von ihnen in Neigungsberufen tätig waren. Wenn wir das Gefühl haben, im Beruf etwas Sinnvolles zu leisten, macht uns das zufrieden. Ein Handwerker ist wahrscheinlich glücklicher in seinem Beruf als ein Fließbandarbeiter, der niemals das Endprodukt seiner Arbeit zu Gesicht bekommt. Wir alle brauchen das Gefühl, etwas Sinnvolles zu leisten. Hier steckt für die meisten Menschen eine der Hauptquellen von Streß. Einige meiner Patienten, die bei mir wegen streßbedingter Problemen in Behandlung sind, haben Schwierigkeiten, sich auszudrücken, weil sie in ihrem Arbeitsalltag niemals die Gelegenheit dazu hatten. Ein Londoner Krankenhaus bietet heute Tanzstunden für seine Herzpatienten an, damit sie lernen, sich besser auszudrücken.

Eine schwedische Untersuchung bei Arbeitnehmern, die streßbedingt zu Beruhigungsmitteln griffen, ergab, daß die meisten von jenen Arbeitern eingenommen wurden, die am wenigsten Einfluß auf den Gang ihrer Arbeit ausüben konnten. Gärtner und Universitätsforscher — Menschen, die nicht dem hohen Tempo unserer Zeit unterworfen sind — nahmen wenige bis gar keine Medikamente.

Eine neuere Untersuchung unter alleinfahrenden Londoner Busfahrern hat ergeben, daß Ängste und Krankheiten bei ihnen weit häufiger vorkommen als bei den Zwei-Mann-Besatzungen. Die Untersuchung Dr. Michael Joffes vom London Hospital Medical College zeigte auch, daß es eine beunruhigend hohe Zahl von gesundheitlichen Problemen unter Fahrern gibt, die zusätzlich auch noch das Fahrgeld eintreiben müssen.

In seinem Buch *How to survive the 9—5* zählt Martin Lucas fünfzehn der wichtigsten Quellen für Zufriedenheit oder Unzufriedenheit auf, die man im Beruf antreffen kann. Antworten Sie auf die folgenden Fragen mit Ja oder Nein, je nachdem, wie Sie mit dem jeweiligen Aspekt Ihrer beruflichen Situation zurechtkommen. Sind Sie zufrieden mit:

- Ihren Arbeitsbedingungen?
- Ihren Kollegen?
- Ihrem Gehalt?
- der Art der Beziehung zwischen Geschäftsleitung und Personal?
- Ihrer Arbeitszeit (Dauer, Überstunden etc.)?
- den Möglichkeiten, Ihre Arbeitsweise selbst zu bestimmen?
- der Anerkennung, die Ihnen gute Arbeit einträgt?
- Ihrem unmittelbaren Vorgesetzten?
- den Führungsqualitäten Ihrer Vorgesetzten?
- dem Grad der Verantwortung, der Ihnen übertragen wurde?
- den Möglichkeiten, Ihre Fähigkeiten zum Tragen zu bringen?
- Ihren Aufstiegschancen?
- der Sicherheit Ihres Arbeitsplatzes?

Selbständige haben wahrscheinlich das Gefühl, daß sie einen viel höheren Grad an Kontrolle über ihr Leben besitzen. Für den Angestellten einer großen Firma, der beruflich nur wenig oder gar nicht zufrieden ist, der seinen

Anteil am Endprodukt der Arbeit kaum wahrnehmen kann, mag Krankheit ein wirksames Mittel sein, um seinen Anspruch auf Lenkung der Ereignisse geltend zu machen. Man könnte auch Beweise dafür vorbringen, daß Selbständige fähiger zur Lösung von Beziehungsproblemen sind als Angestellte.

Auch Arbeitslosigkeit und Pensionierung können zu Problemen führen, denn arbeitslos zu sein führt zu noch größeren Schwierigkeiten als geringe oder fehlende berufliche Zufriedenheit. Kürzlich ergab eine Untersuchung von Dr. Norman Beale 20% mehr Arztbesuche und 60% mehr Krankenhausaufenthalte bei Berufstätigen und ihren Familien nach der »Freistellung«, bzw. wenn eine solche drohte. Er stellte eine 11%ige Erhöhung der Krankheitsfälle bei gefährdetem oder verlorenem Arbeitsplatz fest, hingegen eine 9%ige Senkung bei Berufstätigen ortsansässiger Firmen mit gesichertem Arbeitsplatz. »Die Ergebnisse weisen darauf hin, daß das durch drohende Arbeitslosigkeit ausgelöste Streßniveau gleich hoch, wenn nicht gar noch höher anzusetzen ist als beim tatsächlichen Verlust der Arbeitsstelle«, schrieb Dr. Beale im *Journal of the Royal College of General Practitioners*.

Zweifellos kommen unter Arbeitslosen Depressionen und Mangel an Selbstwertgefühl vor und wirken sich schädlich auf Körper und Gesundheit aus. Das Merkwürdige dabei ist, daß sich viele Menschen die Zeit der Pensionierung überhaupt nicht als streßbeladen vorstellen können, weil sie uns stets als eine Zeit geschildert wurde, in der wir endlich all die Dinge tun können, auf die wir während unseres Arbeitslebens verzichten mußten. Ich habe jedoch festgestellt, daß diese tiefgreifende Veränderung des Lebensstils häufig schwere Krankheiten auslöst. Tatsächlich weist die Statistik nach, daß Berufstätige in England ihre Pensionierung durchschnittlich nur um sechs Monate überleben!

Die wichtigste Lehre, die wir aus diesen Erkenntnissen ziehen können, hat etwas mit unserer inneren Haltung zu tun. Als die englischen Colby-Stahlwerke vor einigen Jahren geschlossen wurden, erhöhte sich die Zahl der Krankheitsfälle (und besonders die der streßbedingten) beträchtlich. Seither wurden zahlreiche Berichte veröffentlicht, die eine Verbindung zwischen Arbeitslosigkeit und Krankheitshäufigkeit herzustellen suchen.

Doch es gibt da eine verblüffende und scheinbar unerklärliche Abweichung von der Regel: In der Berufsgruppe der Schauspieler finden wir die höchste Arbeitslosenziffer mit etwa 70% und gleichzeitig die niedrigste Krankheitshäufigkeit. Ein beschäftigungsloser Schauspieler sagt niemals von sich selbst, er sei »arbeitslos«, sondern: »Ich erhole mich gerade.« Zwischen diesen beiden Botschaften liegen Welten. Die Kraft der Selbst-Suggestion oder der *Affirmation*, wie ich es nenne, ist enorm. Diese Affirmationen bilden einen wichtigen Bestandteil der Selbsthilfe-Kassetten, die ich herausgebe.

Ich hatte schon immer das Gefühl, daß es im Grunde zwei verschiedene Arten von Menschen gibt: diejenigen, die sich Sorgen machen, und die, die es nicht tun! Die Sorgenbeladenen hieven sich morgens aus dem Bett und sagen sich: »O Gott, so kann's nicht weitergehen. Was wird wohl heute alles schieflaufen?« Sie haben immer das Gefühl, daß ihnen nichts gelingen wird, sie gehen stets davon aus, daß das Schlimmste passieren wird, und für gewöhnlich erwarten sie, daß man sie im Stich lassen wird. Wer sich jedoch keine Sorgen macht, wird morgens aus dem Bett hüpfen, die Vorhänge öffnen und erklären, daß es ein wundervoller Tag werden wird. In den Augen dieser Menschen scheint niemals etwas schiefzulaufen, alles klappt, sie sind große Problemlöser und landen stets auf ihren Füßen. Alles steht und fällt damit, wie Sie sich selbst sehen und mit den Affirmationen, die Sie in Ihr System programmieren.

Wie oft haben Sie schon gehört, wie Freunde oder Menschen auf der Straße völlig unbewußt Affirmationen gebrauchen? Da ist der Mann, der von seinem Beruf sagt, er habe ihn »im Nacken«, und sich dann darüber wundert, warum seine Nackenmuskeln verkrampft sind oder warum er unter abgenutzten Halswirbeln zu leiden hat. Da ist die Frau, der die Aushäusigkeit ihrer Tochter »auf den Geist geht«, und nicht weiß, warum sie immer eine Migräne bekommt, wenn die Tochter zu Hause ist. Haben Sie schon einmal einen Menschen sagen hören, etwas gehe ihm auf die Nerven, während gleichzeitig beim Teezuckern seine Hand zittert? Würde ich mich auf diese uns allen vertrauten Beispiele beschränken, dann wären Sie entschuldigt, wenn Sie mich für leichtfertig halten würden. Ich glaube jedoch, daß unsere Alltagssprache die gegenseitige Beeinflussung von Geist und Körper noch viel deutlicher verrät, als das bisher allgemein erkannt worden ist.

Ich behandelte einmal eine Frau, die in einen Familienstreit verwickelt war, der sie zornerfüllt zurückließ. Sechs Wochen später, so erklärte sie mir, bekam sie eine »rasende« Bindehautentzündung. Sie war sich ihrer bildhaften Sprache nicht bewußt, aber ich wurde augenblicklich aufmerksam auf die Verwendung des Wortes »rasend«. Ihr Arzt hatte ihr Antibiotika verschrieben, die zwar die

Konjunktivitis beseitigten, aber nicht gegen ihre Wut halfen. Sechs Monate später bekam sie bösartigen Brustkrebs.

Eine andere junge Frau durchlebte eine höchst turbulente Ehe, die mit einer Scheidung in Bitterkeit endete. Sie sagte mir, sie könne sich erinnern, daß sie ihren Mann angeschrien habe, er solle mit den Streitereien aufhören, weil es sie krank mache. Bei mehreren Gelegenheiten, so berichtete sie, habe sie geschrien: »Du bringst mich zum Kotzen!«* Ein Jahr nachdem die Ehe geschieden worden war, bekam sie Magenkrebs.

Dies alles sind Beispiele für das, was ich *negative Affirmation* nenne. Wenn wir darin schon so geschickt sind, warum können wir dann nicht positive Affirmationen anwenden, die unserer Gesundheit eher förderlich sind? Man könnte diese Beispiele als interessante Zufälle abtun, wäre da nicht das Faktum, daß sie in den schriftlichen Erstberichten meiner Patienten und in den darauffolgenden Gesprächen mit beunruhigender Regelmäßigkeit auftauchen. Darüber hinaus scheint mein Gedanke Rückendeckung durch einen kürzlich veröffentlichten medizinischen Forschungsbericht zu erhalten.

Wouter Oosterhuis, Arzt an der Universität von Amsterdam, untersuchte die Fälle von 500 Männern und Frauen, die über Schmerzen klagten, ohne daß man eine körperliche Ursache feststellen konnte. Er befragte sie zu häuslichen und beruflichen Problemen während der Zeit, in der die Schmerzen auftraten. Von 331 Personen, die von aggressiven Gefühlen berichteten, laborierten 329 an Nackenschmerzen. Neun von zehn Personen, die unter

---

* »You make me sick to the stomach!«

Angstgefühlen litten, hatten Magen- und Bauchschmerzen. Sechs von zehn Personen, die sich in verzweifelten Situationen befanden, litten unter Beschwerden der Lendenwirbelsäule und Kreuzschmerzen. Die Ergebnisse seiner Untersuchung zeigten deutlich, daß bestimmte Emotionen auch bestimmte Körperzonen in Mitleidenschaft ziehen können.

Oosterhuis betont, wie wichtig es sei, diese Patienten genau kennenzulernen, damit man ihnen psychologische Hilfe angedeihen lassen kann, beziehungsweise sie anleiten kann, eine Lösung für die praktischen Probleme zu finden, die ihnen Sorge machen. Wird die emotionelle Ursache der Schmerzen nicht erkannt und auf körperlich verursachte Schmerzen hin behandelt, dann besteht die Gefahr, daß die Schmerzen chronisch werden und nur noch schwer zu heilen sind. Solch althergebrachte und ungehobelte Sprüche wie »Es ist schon ein rechtes Kreuz mit ihm!« können nach alledem durchaus medizinisch relevant sein!

Der Punkt ist, daß positive Affirmationen tatsächlich Ergebnisse bringen. Sie brechen den Teufelskreis des negativen Denkens, den der Patient in so vielen Fällen aufgebaut hat, und sie stoppen den Strom der Streßhormone, die durch Ängste hervorgerufen werden. Je häufiger Sie positive Affirmationen verwenden, desto mehr *werden* Sie tatsächlich zu der Persönlichkeit, für die Sie diese Affirmationen aussprechen. Am wichtigsten ist, daß Affirmationen Ihnen helfen können, Schuldgefühle, Wut oder gar Trauer, die ihre Wurzel in vergangenen Ereignissen haben und möglicherweise zu Ihrer Krankheit beitrugen, loszulassen. Ich wiederhole es immer wieder: Man kann die Vergangenheit nicht ungeschehen machen, aber die Entscheidung liegt bei Ihnen, *wie* Sie die Vergangenheit sehen.

An meinen Krankengeschichten wird eines deutlich: Bestimmte Gefühlsreaktionen auf Lebenskrisen oder Schwierigkeiten provozieren bestimmte Krankheitsarten. Ich weiß, daß viele Ärzte diesem Gedanken skeptisch gegenüberstehen und das Argument vorbringen, es gebe keine Beweise für eine solche Behauptung. Dennoch lassen sich auch hier medizinische Untersuchungen anführen, die diese Vorstellung untermauern.

1981 entdeckte ein Team von Wissenschaftlern am Londoner Westminster-Hospital, daß Patienten mit rheumatischer Arthritis ihren ersten Krankheitsanfall nicht lange nach einem größeren Schicksalsschlag erlebten, z. B. nach einem Trauerfall, einer Scheidung oder nach dem Verlust des Arbeitsplatzes. Wie andere Ärzte auch, die auf der Suche nach möglichen psychosomatischen Faktoren der rheumatischen Arthritis waren, fanden sie heraus, daß die Patienten oft aus Familien kamen, in denen die Mutter tyrannische Züge trug und es sehr schwer fiel, sie zu lieben, aber auch, sich von ihr zu lösen.

Die Beweise für den Zusammenhang zwischen emotionalem Streß und Herzkrankheit sind noch überzeugender. Meyer Friedman und Ray Roseman, zwei amerikanische Kardiologen, untersuchten über einen Zeitraum von sechs Monaten eine Gruppe von Steuerberatern. Diese wurden gebeten, über ihre Ernährungsweise minutiös genau Buch zu führen, um festzustellen, wie sich der Faktor Ernährung auf ihr Herz auswirkt. Mit Beginn des Monats April, der arbeitsreichsten Zeit für Steuerberater, stieg auch ihr Cholesterinspiegel im Blut steil an, obwohl sie ihre Ernährungsgewohnheiten nicht geändert hatten.

Nach dem Abgabetermin für Steuererklärungen Ende April und dem damit verbundenen Nachlassen des Arbeitsaufkommens sank auch der Cholesterinspiegel wieder.

Schon sehr früh wurde mir klar, daß es zwischen dem Verlust eines stabilisierenden Faktors im Leben und einer darauffolgenden Krebsdiagnose eine Verbindung gab. Vor einigen Jahren behandelte ich eine Frau in mittleren Jahren, die zwei Jahre, bevor man ihren Krebs entdeckt hatte, geschieden worden war. Sie hatte nur ein Kind, eine Tochter im Teen-Alter, mit der sie zusammenlebte und um die ihr Leben kreiste. Sie war zu mir gekommen, weil sie an Krebs der Wirbelsäule erkrankt war. Sie konnte damals nicht alleine fahren, litt unter starken Schmerzen und konnte nur noch mit Hilfe von Krücken gehen. Während der ersten drei Monate machte sie gute Fortschritte und konnte sogar die Schmerzmittel absetzen. Sie kam wieder zu Kräften, konnte ohne Hilfsmittel gehen und kurze Strecken mit dem Auto fahren.

Eines Nachts wurden die Tochter und ihr Freund bei einem Autounfall getötet. Innerhalb von sechs Wochen erlitt meine Patientin, die so gut vorangekommen war, einen Rückfall und starb. Der Verlust ihres Ehemannes, so erschien es mir, hat wohl den Krebs ausgelöst. Sie hatte dann ihre ganze Aufmerksamkeit auf die Tochter übertragen. Die Beziehung zu ihr mag durchaus einen zusätzlichen Beitrag zu der kurzen Phase der Erholung, die sie erleben durfte, geleistet haben. Als aber die Tochter starb, besaß sie offensichtlich nichts mehr, wofür es sich zu leben lohnte.

Bei einem hohen Anteil meiner erwachsenen Krebspatienten ist der Verlust eines stabilisierend wirkenden

Einflußfaktors in ihrem Leben deutlich erkennbar, und zwar sechs bis achtzehn Monate, bevor die Krankheit zum ersten Mal bemerkt oder diagnostiziert wurde. Dieser stabilisierende Einfluß ist zumeist ein Ehegatte, den man durch Tod, Scheidung oder Trennung verlor; manchmal handelt es sich um den Verlust des Arbeitsplatzes, in einigen Fällen kann es auch ein Umzug in eine fremde Umgebung sein, wobei meistens der Ehemann in ein anderes Gebiet versetzt wurde und die Frau sich entwurzelt oder ihrer engen Freundinnen beraubt fühlt.

Ein Punkt verdient jedoch besondere Betonung. Ich behaupte keineswegs, daß ein Mensch, der einen Verlust erleidet, automatisch Krebs bekommt. Vielmehr ist es die *Art seiner Reaktion* auf diesen Verlust, die hier die entscheidende Rolle spielt.

Ein Mann in mittleren Jahren, der bei einer Firma über zwanzig Jahre lang eine verantwortliche Position innehat und dann »freigestellt« wird, hat zwei Alternativen, um darauf zu reagieren. Er kann sich selbst sagen, sein Leben sei zu Ende, es gebe für ihn nun nichts mehr zu tun, und fortan sei er überflüssig. Meine Patientenkartei beweist, daß er mit hoher Wahrscheinlichkeit mit größeren gesundheitlichen Problemen ins Zentrum kommen wird als der gleiche Mann, der auf eine solche Situation damit reagiert, daß er sich selbst sagt, der Verlust seines Arbeitsplatzes sei die beste Gelegenheit, endlich einmal all die Dinge im Leben zu tun, die er schon immer tun wollte. Er kann sich selbständig machen, endlich das Haus bauen, zu dem er bisher nie gekommen war, oder all die Länder und Orte bereisen, die er bisher nicht besuchen konnte, weil er zu eingespannt war. Wieder ist alles letztlich eine Frage der »Botschaften«, die Sie sich selbst in bezug auf den Verlust geben. Am verwundbarsten ist derjenige, der auf die Verlustsituation mit völliger Hilf- und Hoffnungslosigkeit reagiert und das Gefühl hat, er habe keine Möglichkeit, den Gang der Ereignisse selbst in die Hand zu nehmen.

Weitere Muster habe ich bei anderen Krankheiten beobachtet. Verbreitet ist etwa Aggression, oft unterdrückt, in Verbindung mit einer Vielzahl von Allergien. Als ich eine meiner Patientinnen befragte, ob ihr irgendwelche Erlebnisse im Zusammenhang mit dem Ausbruch ihrer Krankheit einfielen, konnte sie sich an keine erinnern. Ich machte ihr klar, daß ein solcher Zusammenhang nicht bei jedem Kranken eine Rolle spiele und daß sie vielleicht eine Ausnahme sei. Einige Wochen später hielt ich in London ein Seminar über Selbstheilung ab, und die gleiche Dame befand sich im Publikum. Ich begann, meine Ansichten über den Zusammenhang zwischen Zorn und Allergie zu referieren, als sie aufstand und mich lautstark dafür zur Rede stellte, daß ich immer noch das gleiche sagen würde! »Letzten Monat haben Sie das schon behauptet«, rief sie aus, »und obwohl ich Ihnen sagte, daß das nicht stimmt, wiederholen Sie es jetzt wieder!« Das Publikum begann zu lachen, was nur dazu führte, daß ihr Zorn stärker wurde. Klar erkennbar war sie sich ihrer Aggressionen nicht bewußt oder wollte sie nicht wahrhaben. Unnötig zu sagen, daß sie sich bei mir nicht mehr blicken ließ.

Eine andere Geschichte erzählte mir eine Frau, die sich mit Hilfe einer meiner Kassetten von ihren Allergien befreit hatte. Sie hatte unter einer Vielzahl von Allergien gelitten und nach einer meiner Vorträge meine Kassette *Re-*

sisting Allergies* erworben. Erst Monate später hörte sie sich das Band an. Während sie der Entspannungs- und Selbstheilungsübung, die darin enthalten ist, lauschte, hatte sie ein äußerst ungewöhnliches Erlebnis. Ein lange verdrängtes, zwanzig Jahre altes Ereignis im Zusammenhang mit ihrem Stiefvater trat plötzlich in ihr Bewußtsein. Jahrelang hatte sie daran keinen Gedanken mehr verschwendet, doch jetzt überfiel sie augenblicklich eine unbändige Wut. Ich weiß nicht, auf welches Ereignis sie anspielte, aber sie sagte mir, daß sie es damals niemandem erzählen konnte, aus Angst, ihre Mutter zu verletzen. Doch das Tonband hatte ihr alles wieder ins Gedächtnis gerufen. Eine Woche lang prügelte sie auf Kissen und Polster ein, weinte und schrie, bis es so schien, als ob sich ihre Wut wie ein Sturm selbst verausgabt hatte. Von diesem Tage an konnte sie wieder all die Dinge essen, auf die sie bis dahin mit heftigen Allergien reagiert hatte.

Einigen meiner Rheuma-Patienten, besonders den rheumatischen Arthritikern, ist eine bestimmte Erfahrung gemein, ähnlich der, die auch den Forschern am Westminster-Hospital auffiel. Häufig standen sie in Beziehung zu einem starken und dominanten Partner. Jedesmal gab es viele Dinge, die sie zu bestimmten Zeiten in ihrem Leben tun wollten, aber sie fühlten sich immer durch Lebensstil oder Entfaltung ihres Partners daran gehindert. Die Arthritis, die ihre Gelenke versteift und ihre Bewegungsfreiheit einschränkt, fungiert symbolhaft als Bremse für das Herangehen an die Dinge, die sie schon ihr ganzes Leben lang für sich selbst tun wollten. Jetzt können sie ja der

---

* »Kampf den Allergien«

Krankheit die Schuld geben, statt sich mit ihrem Partner auseinanderzusetzen.

Überstarke Partner scheinen auch bei einem anderen ernsten Problem eine Rolle zu spielen, das ich schon in zahlreichen Fällen behandelt habe: die Parkinsonsche Krankheit. Hier scheint es häufig ein starkes Gefühl von Furcht zu sein, das als auslösender Faktor in Frage kommt. So habe ich beispielsweise mit einer Reihe von Frauen gearbeitet, jeweils verheiratet mit einem dominanten Partner, der möglicherweise des Guten zuviel für sie getan hat. Er hat sie unter Umständen zu sehr von der »Außenwelt« abgeschottet. Wenn er dann plötzlich und unerwartet stirbt, bleibt die Frau voll Angst zurück, sie könnte dem, was auf sie zukommt, nicht gewachsen sein. Es ist vielleicht nicht »standesgemäß«, in einer solchen Situation zu zittern, aber unter einer Krankheit mit demselben körperlichen Symptom zu leiden ist gesellschaftlich akzeptabel. Ich erinnere mich an einen Mann mit Parkinsonscher Krankheit, der an einem meiner Seminare teilgenommen hatte. Nachher kam er zu mir, und ich glaubte schon, daß er meine Kommentare kritisieren wollte. Im Gegenteil: Er teilte mir mit, daß es sich gelohnt habe, mein Seminar zu besuchen, nur um meine Ausführungen zur Parkinsonschen Krankheit zu hören. Während des letzten Krieges war er dreiunddreißig Bomber-Einsätze über Deutschland geflogen und hatte bei jedem Start Angst, abgeschossen zu werden und niemals zurückzukehren. Er konnte seine Angstgefühle der übrigen Besatzung nicht offenbaren und lernte, sie zu unterdrücken und eine typisch englische »stiff upper lip« zu bewahren. Ein paar Jahre nach dem Krieg, nach seiner Entlassung aus der Luftwaffe, entwickelte er ein leichtes Muskelzittern, das wiederum erst einige Jahre später, als sich das Zittern verschlimmerte, als Parkinsonsche Krankheit diagnostiziert wurde.

Sogar bei einem so simplen Problem wie einem schlimmen Rücken entdeckt man manchmal einen unterschwelligen Auslösefaktor. Häufig schleppen Rückenschmerzgeplagte die Last der ganzen Welt auf ihren Schultern. Wie der sagenhafte Herkules biegen und krümmen sie sich unter dieser Last, bis die Wirbelsäule schließlich nachgibt.

Es kann sein, daß solche Menschen für ihre Krankheit keinen besonderen Auslösemechanismus entdecken können, daß sie aber ein ständig wiederkehrendes Problem haben. Wenn das der Fall ist, sollte man sich einmal in Ruhe überlegen, welcher Gewinn aus dem Fortbestand des Problems gezogen wird.

Wir alle wissen, daß wir unserer Gesundheit großen Schaden zufügen und schließlich sogar sterben können, wenn wir uns nur lange genug Nahrung und Wasser vorenthalten. Doch wir scheinen gegenüber den gleich großen Gefahren eines emotionalen Hungerstreiks blind zu sein. Im Laufe unseres Lebens erhalten wir von jedem Menschen um uns herum »Streicheleinheiten«. Genau betrachtet gibt es davon zwei Arten: positive und negative. Eine positive Streicheleinheit ist etwa ein Kompliment, ein freundliches Wort oder ein Lächeln. Ein negativer Anstoß dieser Art könnte eine verletzende Äußerung, ein kalter Blick oder ein Tadel sein. Egal, ob sich jemand Ihnen gegenüber unfreundlich oder sympathisch verhält: Sie erhalten Aufmerksamkeit! Diese ist die Bestätigung dafür, daß wir überhaupt existieren. Sie ist lebenswichtig. Wenn es uns nicht gelingt, unser Bedürfnis nach Aufmerksamkeit auf positive, lebensbejahende Art zu befriedigen, werden wir eher nach negativen, todesbejahenden Alternativen Ausschau halten, als ein Ignoriertwerden zu ertragen. Der Fußballrowdy beispielsweise holt sich die kurzfristige Aufmerksamkeit der Polizei, seiner Eltern, der Gerichtshöfe und der Medien. Er bekommt seine »Streicheleinheiten«, und obwohl sie negativ sind, sind sie ihm lieber, als unbeachtet durchs Leben zu wandern. Das wäre für ihn schlimmer als die Strafe für sein destruktives Verhalten.

Ich sehe auch, daß der Verlust der Quelle von Stabilität im Leben meiner Krebspatienten gleichzeitig einhergeht mit dem Verlust der »Streicheleinheiten«-Quelle. Männer bekommen diese Anstöße meistens im Beruf oder bei ihrer Ehefrau; Frauen holen sich die Streicheleinheiten in der Familie oder in der Gemeinde. Versiegt die Quelle positiver Streicheleinheiten, kann dies zu einer Kompensation mit negativen Mitteln führen. Niemand wünscht sich, krank zu sein, aber wir alle brauchen unsere Streicheleinheiten. Ich kann oft beobachten, daß Menschen unglücklicherweise ihre ersten Streicheleinheiten zuweilen erst dann bekommen, wenn sie krank werden. Sie halten dann an ihrer Krankheit fest, um den Fluß der Streicheleinheiten aufrechtzuerhalten.

Streicheleinheiten bewirken Gefühle und Emotionen in uns. Wenn Ihnen jemand ein unerwartetes Kompliment spendiert, macht Sie das für den Rest des Tages fröhlich und aufgeräumt. Macht Sie jemand »nieder«, deprimiert Sie das unter Umständen stundenlang. Aufgrund unserer Erziehung als Kind neigen wir dazu, diese emotionalen Reaktionen als »gut« oder »schlecht« einzustufen. Bei Kindern wird beispielsweise passives Lächeln belohnt,

Zurschaustellung von Angst, Wut oder gar Trauer wird oft bestraft. Das führt zur Unterdrückung oder Betäubung von Gefühlen. Wir verlieren das Vertrauen in unser eigenes Erleben. Ich bin der Überzeugung, daß dieses Davonlaufen oder Vergraben unserer Gefühle später in Krankheit zum Ausdruck kommt.

Mein Ziel ist es, Ihnen zu zeigen, daß wir alle, jeder auf seine Weise, etwas Besonderes sind. Ich möchte ein Schlaglicht auf den Einfluß unserer inneren Haltungen werfen und damit auf die Bedeutung positiver Einstellungen für eine höhere Lebensqualität. Ich möchte, daß meine Patienten das Leben genießen, ihr Potential entfalten und erkennen, daß sie Wahlmöglichkeiten haben. Sie haben die Möglichkeit, an die Stelle selbstzerstörerischer Einstellungen eine positive Alternative zu setzen. Lernen Sie, schmerzhafte Erfahrungen der Vergangenheit nicht in die Zukunft zu projizieren, sonst werden Sie den Rest Ihres Lebens von Ängsten geplagt verbringen: Angst vor Gefühlen, vor Fehlern, Erfolg und Mißerfolg, vor anderen Menschen, vor sich selbst, vor Schwächen und Zurückweisung. Es gibt nur eine Zeit, die wichtig ist, und diese Zeit ist das Jetzt. Sie können den Rest Ihres Lebens damit verbringen, in die Vergangenheit zu blicken und sich um die Zukunft Sorgen machen. Dabei versäumen Sie die Gegenwart. Vergangene Ereignisse können Sie nicht mehr ungeschehen machen, aber Sie können Ihre Gedanken, Gefühle und Einstellungen zu ihnen ändern. Wahres Heilen beginnt für mich an dieser Stelle.

Ich nenne dies *Attitudinal Healing**. Es geht um die Hei-

---

* Heilen über die Einstellung, durch Veränderung der persönlichen Haltung gegenüber der Krankheit.

lung unseres Geistes, um eine Korrektur unserer verzerrten Wahrnehmung und um einen Wandel in der Art, wie wir die Welt, die anderen und uns selbst sehen. Es erlaubt uns die Heilung unserer Beziehungen, die Heilung negativer, angstvoller Gedanken. Es erlaubt uns die Erfahrung von innerem Frieden, von Wohlbefinden, Liebe und Gesundheit.

Der Begründer und heutige fachärztliche Berater des *Attitudinal Healing* ist Dr. Gerald Jampolsky, ein Psychiater, der hauptsächlich mit krebskranken Kindern gearbeitet hat und dabei mit alternativen Heilmethoden bemerkenswerte Ergebnisse erzielte. 1949, während seiner Arbeit als junger Arzt in Boston, begann er sich für Krebs und den »Willen zu leben« und den »Willen zu sterben« zu interessieren. Er war Zeuge, wie mit Hilfe hypnotischer Suggestion Warzen zum Verschwinden gebracht werden konnten. Auf der Basis dieser Erfahrungen erkannte er, daß man sich durch mentale Bildsprache und Suggestion von Schmerz befreien und die eigene Wahrnehmung und Einbildung von Krankheit ändern konnte — daß es tatsächlich *nichts* gibt, was der Geist *nicht* fertigbringt.

Wenn wir glauben, jemand sei wütend oder greife uns an, dann entscheiden wir uns im *Attitudinal Healing* dafür, den anderen nicht als Angreifenden zu sehen, sondern nur als einen Menschen, der Angst hat. Wir erkennen, daß wir durch die Ausdehnung unserer Liebe auf andere und durch Helfen, ohne Gegenleistung zu erwarten, auch uns selbst helfen. Während wir uns auf die Ängste und Probleme anderer konzentrieren, scheinen sich unsere eigenen aufzulösen, und der Seelenfrieden gewinnt die Oberhand.

Es gibt zehn Bereiche, in denen höchstwahrscheinlich Negativität Eingang in Ihr Leben finden wird. Wenn Sie ein Auge auf diese negativen Bereiche haben und sie in *positive* verwandeln, gewinnen Sie neue Perspektiven in Situationen, von denen letztlich Ihre Gesundheit und Ihr Glück profitieren werden. Auf diesem Weg werden Ihnen die folgenden Punkte helfen können:

1. Denken Sie gut von sich selbst und von Ihren Leistungen und nutzen Sie Gelegenheiten, um sie regelmäßig neu zu bekräftigen. (Die Grundlage für die Fähigkeit, einen anderen Menschen zu lieben oder zu achten, ist es, zuerst sich selbst zu lieben und zu schätzen.)
2. Statt sich zu sorgen oder zu beklagen über das, was Sie nicht besitzen, sollten Sie schätzen lernen, was Sie besitzen. (Denken Sie daran: Im Leben bekommen wir, was wir brauchen — nicht immer das, was wir uns wünschen.)
3. Umgeben Sie sich mit Schönheit und Licht, inwendig und äußerlich. (Ihre Umgebung ist äußerlich, aber Ihr Geist ist innerlich und ewig.)
4. Lassen Sie sich von der Kritik anderer nicht verunsichern. Haben Sie Vertrauen zu sich selbst und zu Ihren Fähigkeiten. (Denken Sie daran: Kritik ist auch ein anderer Weg, um Eifersucht und Rivalität zum Ausdruck zu bringen, und wird häufig von Menschen geäußert, denen es an Selbstvertrauen mangelt.)
5. Begrüßen Sie neue oder geänderte Verhältnisse als eine Gelegenheit für Wachstum und Selbstentfaltung. (Wir lernen aus Erfahrungen, unabhängig davon, ob es gute oder schlechte sind.)

6. Erinnern Sie sich: Die Nacht ist am dunkelsten kurz vor dem Sonnenaufgang. Selbst negative Ereignisse im Leben geschehen nicht ohne Grund. (Alle Ereignisse im Leben sind Teil des Lernprozesses.)
7. Lassen Sie die Trauer von gestern hinter sich und blicken Sie auf morgen mit Hoffnung und Freude. (Warum sich Gedanken machen über ein vergangenes Ereignis, wenn Sie in der Gegenwart keine Chance mehr haben, es zu ändern? Lösen Sie sich davon!)
8. Wir alle machen Fehler. Regen Sie sich nicht auf über Dinge, die nicht mehr geändert werden können. Legen Sie sie im Speicher Ihrer Erfahrungen ab. (Der Fehler von gestern kann der Triumph von morgen werden.)
9. Obwohl Sie es sich vielleicht immer noch *wünschen*, lösen Sie sich von dem, was Sie jetzt nicht mehr brauchen. (Lassen Sie das Überholte und Verbrauchte hinter sich, um offen und aufnahmefähig für neue Verhältnisse und Bedingungen zu sein.)
10. Wir alle suchen Schutz unter dem gleichen Regenschirm eines universellen Bewußtseins. (»Alle Dinge nah und fern, auf geheime Weise sind sie verbunden durch eine unsterbliche Kraft; so daß Du keine Blüte berühren kannst, ohne einen Stern aufzuschrecken...« — Francis Thompson.)

Entdecken Sie, daß Sie frei sind. Frei zu fragen, zu fühlen, zu denken, zu wählen, zu kommunizieren, sich durchzusetzen, zu akzeptieren, zu vergeben, loszulassen, zu wissen, zu leben und zu lieben.
Ich kann Sie nicht ändern. Sie sind verantwortlich für Entscheidungen und für die notwendigen Veränderun-

gen in Ihrem Leben. Ich konkurriere mit niemandem, und ich biete keinen Ersatz für irgendwelche anderen Therapien oder für medizinische Hilfe, die Sie vielleicht jetzt gerade erhalten. Ich hoffe, daß ich Sie zum Lachen, zum Lächeln bringen kann und dazu, Ihr eigenes Potential zu verwirklichen.

2.

Mörder Streß

In Großbritannien gehen heutzutage durch Streß mehr Arbeitstage verloren als durch Streiks. Seine Auswirkungen auf unseren Gesundheitszustand sind katastrophal, und obwohl vorbeugende Maßnahmen so einfach wären, tun wir in der Regel nichts dagegen. Bei den allermeisten Menschen, die zu mir kommen, zählt Streß zu den häufigsten mitbestimmenden Krankheitsauslösern.
Wir alle stehen unter der einen oder anderen Form von Streß oder Belastung, und ich glaube nicht, daß es möglich ist, ein hundertprozentig streßfreies Leben zu führen. Nur ein toter Mensch ist ohne Streß! Aber zwischen kreativem und konstruktivem Streß einerseits und zerstörerischem und blockierendem Streß andererseits gibt es Unterschiede.
Die Verwendung des Wortes Streß im Zusammenhang mit uns Menschen begann 1930 mit der Arbeit des kanadischen Physiologen Hans Selye. Vorher wurde der Terminus »Streß« hauptsächlich im Zusammenhang mit Brückenbau-Technik verwendet. Selye war mit einem Forschungsprogramm befaßt, bei dem er die hormonellen Regulationsmechanismen von Ratten studierte. Im Verlauf seiner Experimente injizierte er den Tieren verschiedene toxische oder verunreinigte Substanzen. Nach ihrem Ableben sezierte er die Ratten, um die physiologi-

schen Veränderungen zu untersuchen. Selye entdeckte, daß ihr Bindegewebe immer die gleiche Art von Schädigung aufwies, unabhängig von den injizierten Stoffen. Ihre Lymphknoten, die den Körper von Eindringlingen (z. B. Viren oder Bakterien) schützen helfen, waren schwer geschädigt; sie litten an Geschwüren im Verdauungssystem und hatten an Gewicht verloren. Später fand Selye heraus, daß drei grundlegende Reaktionsphasen auf zeitlich ausgedehnte Negativreize zu beobachten waren.

Zuerst trat eine Alarmreaktion ein, bei der der Körper die notwendigen Abwehrmaßnahmen mobilisierte, um mit der wahrgenommenen Bedrohung oder dem Angriff fertigzuwerden. Selye entdeckte, daß die Nebennieren, die Hormone zur Krankheitsbekämpfung produzieren, zu diesem Zeitpunkt unter starken Druck gerieten. Die zweite Phase trat ein, als die Ratten offensichtlich gelernt hatten, mit dem negativen Reiz umzugehen, und ihre Drüsen ausreichend Hormone produzierten, um sich wieder zu erholen. Diese »Anpassungsperiode«, wie Selye sie nannte, dauerte nicht ewig: wenn der Reiz fortdauerte, verfielen die Ratten zusehends und starben. Was mit diesen Ratten geschah, kann auch uns passieren.

Das menschliche Nervensystem ist genauso konstruiert wie das der Tiere und besitzt zwei Äste. Der sympathische Zweig reagiert auf Außenreize mit der Produktion von Hormonen, die wir brauchen, um angemessen reagieren zu können; der Parasympathikus ist verantwortlich für Erholung, Verdauung und die Rückführung des Hormonhaushaltes in den Gleichgewichtszustand. Wir Menschen neigen dazu, auf einen Reiz oder auf Streß mit der Produktion von Hormonen zu reagieren, um ange-

messen handeln zu können. Zu diesen Handlungen kommt es jedoch meist nicht und somit auch nicht zu einer Erholungsphase. Denken Sie daran, wie sich Tiere in der freien Wildbahn verhalten: Sie werden hungrig, sie jagen, sie fressen und danach ruhen sie. Professor Selye kam zu dem Schluß, daß es zwei Formen von Streß gibt. Einerseits den »Eustreß«, ein Streß der Durchsetzungskraft und des Vorwärtskommens — Auslöser positiver Gefühle. Und andererseits der »Distreß«, Streß des Verlustes, der Unzulänglichkeit, Unsicherheit, Hilflosigkeit, Verzweiflung und Enttäuschung. Normalerweise sprechen wir von Selyes Distreß, wenn wir das Wort Streß verwenden. Wenn wir jedoch mit Streß in der richtigen Weise umgehen, dann liefert er uns die Motivation zur Überwindung der Hindernisse, die sich der Erfüllung unserer Hoffnungen und Ziele in den Weg stellen — das ist Eustreß. Wenn Streß jedoch außer Kontrolle gerät, kann er zu mangelnder Leistungsfähigkeit, zu Krankheit und schließlich zum Tod führen — das ist Distreß. Streß muß nicht unbedingt zu Distreß werden, wenn Sie seine Symptome als ein frühzeitiges Warnzeichen betrachten, das dazu dient, Sie vor Situationen zu warnen, die Ihr Wohlbefinden bedrohen. Streß ermöglicht uns den zeitweisen Rückzug von einer Situation und ist ein Zeichen dafür, daß wir eine Pause machen müssen.
Die körperliche Reaktion auf Streß ist bekannt als die »Kampf-oder-Flucht«-Reaktion: Hormone und chemische Verbindungen werden in den Körper ausgeschüttet, um uns dabei zu helfen, die streßbeladene Situation anzugehen oder uns ihr zu entziehen. Diese Reaktion hat ihre Wurzeln in prähistorischer Zeit, als sie noch unser Überleben sichern half und deshalb von zentraler Bedeu-

tung war. Tiere, denen dieser Mechanismus fehlt, grasen seelenruhig vor sich hin, während sich ein Raubtier nähert, dem sie dann zum Opfer fallen. Im Laufe der Evolution entwickelte der Mensch die gleiche Kampf-oder-Flucht-Reaktion auf Streß. Für die streßbeladenen Situationen unserer Tage sind jedoch keine räuberischen Dinosaurier mehr verantwortlich, weshalb man dem Streß heute auf andere Weise begegnen muß. Die körperliche Reaktion, die das Kampf-oder-Flucht-System unterstützt, besteht in einer Erhöhung von Blutdruck, Puls, Atmung, Schweißabsonderung und Muskeltonus; sie findet in unserer modernen Gesellschaft kein Ventil mehr. Folglich wirkt dieser Prozeß stark belastend auf Körper und Geist. Das Streß-Syndrom unterhält sich selbst, denn je gestreßter wir sind, desto angespannter, ängstlicher und besorgter werden wir, was seinerseits wiederum Streß erzeugt. Wir landen in einem Teufelskreis, der zu körperlichen und emotionalen Problemen führt.

Es gibt viele Dinge, die Streß verursachen können. Wichtig ist aber, zu begreifen, daß Streß, wie auch Schönheit, »im Auge des Betrachters liegen«. Was für Sie schon Streß bedeutet, läßt mich persönlich möglicherweise unberührt und umgekehrt. Leider gibt es viele Streßformen, die uns allen gemein sind: Wir sehen Gewalttätigkeit im Fernsehen, leben häufig in beengten Verhältnissen, physisch wie psychisch, streiten mit unserem Chef oder unserer Familie. Wir müssen es zwar nicht mehr mit Dinosauriern aufnehmen, aber die Dinosaurier unserer Tage — der Steuerprüfer oder der Bankbeamte — sind stets präsent. So kommen wir nur noch selten wirklich zur Ruhe. Vielleicht merken Sie, wie ängstlich oder reizbar Sie geworden sind, Sie können nicht mehr klar denken, leiden oft an Kopfschmerzen, Schlafstörungen oder Magenbeschwerden und auf lange Sicht an erhöhtem Blutdruck oder Geschwüren. Unter Umständen reagiert man, indem man mehr trinkt, raucht oder Beruhigungsmittel nimmt, aber diese Dinge beseitigen nicht den Streß, sie verdecken die Symptome und bieten nur scheinbar einen Ausweg.

Es gibt vier typische Anzeichen für Streß:

1. Angstgefühle und die Unfähigkeit, sich zu entspannen. Angst läßt sich hier in zwei Gruppen einteilen: (a) Angst, die in der Vergangenheit von anderen, normalerweise von den Eltern, übernommen und verinnerlicht wurde. (b) Spezifische Ängste im Zusammenhang mit gegebenen Situationen, z. B. der Pflicht zur Zahlung von Schulden oder bei Verkehrsstaus.

2. Wut und Reizbarkeit, wenn die Dinge nicht so laufen, wie man sich das vorstellt.

3. Sich Sorgen machen um Dinge, bei denen Sorgen keine Abhilfe schaffen.

4. Konzentrationsschwierigkeiten.

Bevor ich zahlreiche Techniken für ein entspannteres Leben vorstelle, möchte ich Streßursachen und den Schaden, der aus Streß erwachsen kann, näher untersuchen.

Auf die Signale eines vagen Unbehagens und kleinerer Wehwehchen zu achten, ist wie das Hören auf ein Frühwarnsystem. Wenn sich unsere gegenwärtigen Denkgewohnheiten, unsere Lebensweise und Gefühle im Zustand unseres Körpers niederschlagen, dann können uns diese Signale auf die mögliche Notwendigkeit einer Änderung auf körperlicher, psychischer oder spiritueller Ebene aufmerksam machen.

Dr. Peter Nixon, Kardiologe am Charing-Cross-Hospital, und Dr. David Peters, praktischer Arzt aus Hayes, haben gezeigt, wie man die Aufmerksamkeit auf diese Körpersignale richten kann, wenn wir uns, um Dr. Nixon zu zitieren, »im Niemandsland zwischen Wohlbefinden und noch nicht ausgebrochener Krankheit« befinden. Dr. Nixons Arbeit mit Herzpatienten veranlaßte ihn zur Entwicklung einer Funktionskurven-Checkliste, wie er sie nennt. Wir alle brauchen einen angemessenen Grad von Angeregtheit (Wachheit), um überhaupt irgend etwas leisten zu können. Wenn wir uns zu sehr entspannen, bleibt uns nichts mehr zu tun, als zu schlafen! Aber der Druck durch Alltag oder innere Konflikte kann uns in einen solchen Erregungszustand versetzen, daß schon ein Tropfen genügt, um das Faß zum Überlaufen zu bringen, daß wir emotional zerbrechlich werden, erschöpft und doch schlaflos, daß wir im Bemühen, es doch zu schaffen, noch aufgeregter werden und immer weniger zustande bringen. In einem solchen Zustand jenseits gesunder Müdigkeit, in dem wir freiwillig oder gezwungenermaßen Gefühle und Bedürfnisse ignorieren, wird jede zusätzliche Anforderung zu einer Bürde, die weitgehend erschöpfte Energiereserven noch weiter ausbeutet.

Die Funktionskurven-Checkliste des Menschen

Bin ich auf dem absteigenden Ast?

Weil zuviel von mir verlangt wird?
Weil ich nicht »nein« sagen kann, selbst wenn es angebracht wäre?
Weil ich meine Situation nicht genug im Griff habe? Weil ich sie nicht aus eigener Kraft bewältigen kann?
Weil ich zu verärgert; zu verspannt; zu aufgeregt; zu reizbar; zu entrüstet bin?
Weil ich zu sehr unter Zeitdruck, zu ungeduldig bin?
Weil mein Schlaf nicht gut genug ist, um mich am anderen Tag ausgeruht zu fühlen?
Weil ich mich nicht fit genug halte, um mich wohl zu fühlen?
Weil ich kein Gleichgewicht schaffe zwischen Zeiten harter Arbeit und genügend Schlaf und Erholungsphasen?
Weil meine eigentlichen Energiereserven erschöpft sind und ich nur noch reine Willenskraft einsetze, um weiterzumachen?
Weil ich unfehlbar, unentbehrlich, unverwundbar, unsterblich bin?

Wandlung und Veränderung sind die wahrscheinlichsten Ursachen für Streß, weil sie meist mit der Unterbrechung einer Beziehung oder stabilisierender Einflüsse in unserem Leben einhergehen. Schon eine scheinbar unbedeutende Veränderung kann tiefreichende Gefühle von Hilf- und Hoffnungslosigkeit bewirken. Es geht bei der Veränderung oder Krise nicht so sehr um ihre quantitative Einschätzung oder Bewertung, vielmehr steht hier Ihre Fähigkeit, sich dem Wandel anzupassen, im Mittelpunkt. Streß stellt sich ein, wenn Sie Ihre Fähigkeit, es mit der Veränderung aufzunehmen, bedroht sehen: Es stellt sich deshalb die Frage, ob wir mit positiver oder negativer Erwartungshaltung Veränderungen begegnen. Untersuchungen bei chronisch kranken Menschen zeigten, daß hohe Streßbelastungen und wiederholte Lebenskrisen im Zusammenhang mit einem Leben voll enttäuschter Erwartungen standen. Häufig hatten diese Menschen das Gefühl, daß man sie irgendwie daran gehindert habe, in ihrem Leben zu erreichen, was sie eigentlich hätten leisten können. Wir müssen lernen, in unseren Bindungen an andere Menschen, Gruppen und Lebensziele flexibler zu werden und bereitwillig und mühelos neue Beziehungen aufzunehmen, wenn etablierte Beziehungen unterbrochen werden oder zu Ende gehen.

Thomas Holmes und Richard Rahe, zwei amerikanische Medizinforscher, studierten 1969 die Auswirkungen von Veränderungen im Leben von 5000 Patienten. Sie waren auf der Suche nach spezifischen Ereignissen, die bei den Patienten als Krankheitsauslöser in Frage kommen konnten, und entdeckten dabei bedeutsame, ständig wiederkehrende Muster. Wenn sich mehrere Veränderungen im Leben innerhalb einer relativ kurzen Zeitspanne ergeben, erhöht sich die Wahrscheinlichkeit, daß der Patient krank wird. Es war ihnen möglich, die bedeutendsten Streßauslöser, denen Sie und ich wahrscheinlich in unserem Alltagsleben begegnen werden, in einer Liste zusammenzufassen und ihre Tragweite quantitativ festzulegen.

Die *Sozialanpassungsskala*, wie sie heute genannt wird,

wird von Psychologen und Streß-Beratern verwendet, um als Frühwarnsystem für mögliche streßverursachte Krankheiten zu dienen. Sie kann natürlich nur eine grobe Vorstellung von der Streßwirkung vermitteln, der ein Mensch unterliegt, und dabei helfen, eine halbwegs zutreffende Prognose zu wagen, wie stark sie sich auswirken könnte; denn der andere Hauptfaktor, die individuelle Persönlichkeitsstruktur, bleibt hier völlig unberücksichtigt. Hier nun ihre Liste:

Lebensereignis	Punktezahl
Tod des Ehegatten	100
Scheidung	73
Trennung von Ehepartnern	65
Aufenthalt im Gefängnis oder in einer Heilanstalt	63
Tod eines engen Blutsverwandten	63
Schwere Verletzung oder Krankheit	53
Heirat	50
Verlust der Stellung	47
Aussöhnung in der Ehe	45
Pensionierung	45
Größere Veränderungen im Gesundheitszustand oder im Verhalten eines Familienmitglieds	44
Schwangerschaft	40
Sexuelle Störungen	39
Familienzuwachs (durch Geburt, Adoption, Einzug der Eltern)	39
Größere Veränderungen im Beruf	39
Größere Veränderungen in den finanziellen Verhältnissen	38
Tod eines engen Freundes	36

Lebensereignis	Punktezahl

Veränderungen in der Art der beruflichen Tätigkeit	36
Größere Veränderungen in der Häufigkeit der Streitigkeiten mit dem Ehegatten	35
Aufnahme von Hypotheken zum Hauskauf, fürs Geschäft etc.	31
Zwangsvollstreckung einer Hypothek oder eines Kredits	30
Größere Veränderung im beruflichen Verantwortungsbereich	29
Auszug eines Sohnes/einer Tochter	29
Ärger mit verschwägerten Verwandten	29
Herausragende persönliche Leistungen	28
Aufnahme/Beendigung einer beruflichen Tätigkeit der Ehefrau	26
Aufnahme/Beendigung der schulischen Ausbildung	26
Größere Veränderungen der Lebensbedingungen	25
Änderung persönlicher Gewohnheiten	24
Ärger mit dem Chef	23
Größere Veränderungen in Arbeitszeit/Arbeitsbedingungen	20
Umzug	20
Schulwechsel	20
Größere Veränderungen in den Freizeitaktivitäten	19
Größere Veränderungen in den kirchlichen Aktivitäten	19
Größere Veränderungen in den gesellschaftlichen Aktivitäten	18
Kreditaufnahme unter DM 15 000	17
Größere Veränderungen der Schlafgewohnheiten	16

Lebensereignis	Punktezahl

Größere Veränderungen in der Zahl
  der Familienzusammenkünfte   15
Größere Veränderungen in den Eßgewohnheiten   15
Feiertage   13
Weihnachten   12
Kleinere Gesetzesübertretungen   11

Holmes und Rahe behaupten, daß die Wahrscheinlichkeit größerer gesundheitlicher Störungen während der nächsten zwei Jahre bei 80% liegt, wenn Sie im Laufe des vorangegangenen Jahres eine Summe von über 300 Punkten erreicht haben. Ist Ihre Punktezahl zwischen 150 und 300, liegt die Wahrscheinlichkeit einer schwereren Erkrankung innerhalb der nächsten zwei Jahre bei 50%. Das Risiko verringert sich auf 33% für eine Summe unter 150 Punkten. Wenn ich diese Liste in meinen Seminaren verwende, muß ich oft feststellen, daß es Menschen mit einem relativ hohen Streßniveau gibt, die nicht krank geworden sind — und zwar deshalb, weil sie sich die Zeit genommen haben, sich zu erholen und zu entspannen. Andererseits gibt es auch viele, die eine niedrige Punktezahl erreichen und trotzdem unter Distreß leiden, weil sie nichts dagegen unternehmen. Wichtig ist hier, sich daran zu erinnern, daß Sie nicht unbedingt krank werden müssen, wenn Sie eine hohe Punktezahl erreichen. Von entscheidender Bedeutung ist ihre Fähigkeit, sich Veränderungen *anzupassen* und zu lernen, sich zu entspannen.

Barrie Hopson hat eine Liste von Fragen zusammengestellt, mit denen Sie sich selbst konfrontieren können, als Hilfe für den Umgang mit Veränderungen:

Erkennen Sie sich selbst, Ihre Gefühle und Ihre Einstellungen und Verhaltensweisen. Was können Sie gewinnen, was werden Sie verlieren? Wie können Sie selbst dazu beitragen, die Veränderung zu bewältigen?

Erkennen Sie die neue Situation — was kommt auf Sie zu? Wie sollen Sie sich verhalten? Können Sie vielleicht schon vorher bestimmte Aspekte der Veränderung von sich aus ausprobieren?

Finden Sie Menschen, die Ihnen helfen können, indem sie Ihr Selbstwertgefühl stärken, mit Ihnen reden, Ihnen Informationen geben, die Ihnen bei Ihren Sorgen eine Zukunftsperspektive bieten.

Lernen Sie aus der Vergangenheit. Wie konnte es dazu kommen? Ist so etwas schon früher einmal geschehen? Wenn ja, wie sind Sie (oder andere) damit umgegangen?

Achten Sie auf sich selbst. Sie sind der wichtigste Mensch, den Sie kennen, halten Sie sich deshalb fit, essen Sie vernünftig, sprechen Sie positiv mit sich selbst.

Lösen Sie sich von der Vergangenheit. Was geschehen ist, ist geschehen — grübeln Sie nicht darüber nach. Setzen Sie Ihren Zorn in konstruktiver Weise um.

Setzen Sie sich Ziele und entwerfen Sie eine Strategie. Finden Sie heraus, was für Sie das Beste ist und wie es in die Tat umgesetzt werden kann. Arbeiten Sie Alternativen aus.

Welchen Gewinn haben Sie aus der Situation gezogen? Denken

Sie positiv. Was haben Sie gewonnen oder gelernt? Welche neuen Chancen haben sich ergeben?

Es gibt eine Anzahl von Symptomen im Zusammenhang mit »sich unwohl fühlen«, deren Ursachen oft direkt im Streß zu suchen sind. Charakteristisch sind:

Müde, ohne jedoch ausreichenden Schlaf zu finden.
Schnell außer Atem, obwohl körperlich fit.
Nicht man selbst sein, ohne daran etwas ändern zu können.
Ängstlich, ohne erkennbaren Grund.
Wütend, auf niemanden speziell.
Unklare Beschwerden und Schmerzen.
Gefühle wie nach einer Grippe, ohne jedoch krank gewesen zu sein.
Je mehr Sie sich anstrengen, desto weniger schaffen Sie.

Die Symptome, die weder »Wohlbefinden« noch »Krankheit« signalisieren, könnten eine Gelegenheit bieten, die Art, wie wir uns selbst erfahren, neu zu bewerten. Sie sollten sie daher nicht ignorieren. Nehmen Sie Veränderungen ernst, die sich kürzlich in Ihrem Leben ereignet haben und die in der Holmes/Rahe-Streßliste aufgezählt sind. Werfen Sie einen Blick auf Ihre Frustrationen, auf Wut, Trauer und Angst. Unannehmbare Emotionen vor sich selbst zu verbergen kostet Energie und zehrt an Ihren körperlichen Kräften. Steht Ihr Problem im Zusammenhang mit der Unfähigkeit, das Tempo zu reduzieren? Eine Pause zu machen? Einmal entbehrlich zu sein? Wissen Sie, warum Sie unentbehrlich oder perfekt sein müssen? Hängt die Botschaft des Müde- oder Erschöpftseins mit der Notwendigkeit der Erholung und der Neubesinnung zusammen? Was geschieht, wenn Sie sie ignorieren? Wer kann Ihnen dabei helfen, auszuruhen oder sich neu zu besinnen? Welche Fähigkeiten sind dazu notwendig? Wer kann sie Ihnen vermitteln? Wie können Sie weitere Krankheitsepisoden verhindern? Krankheit kann nach alledem ein Ausdruck von Unfreiheit, Unflexibilität oder mangelnder Sensibilität sein. Ihre »Heilung« kann deshalb unter Umständen durch die Entwicklung des jeweiligen Gegenteils zustande kommen.

Oft schlägt eine Krankheit mitten in einer wichtigen Phase Ihres Lebens zu, z.B. in Zeiten der Unzufriedenheit mit der eigenen beruflichen Situation oder mit einer Beziehung oder kurz nach Pensionierung, Scheidung etc. Fast scheint die Krankheit dann zum Symbol für die Notwendigkeit zu werden, Ihr Leben zu heilen, von einer Lebensweise Abschied zu nehmen, die nicht länger Gültigkeit besitzt — ein Abschied, an dem Sie bisher Ihre eigene Angst vor dem Unbekannten hinderte. Jetzt werden Ihnen die Dinge aus der Hand genommen, und alles um Sie herum verschwimmt zur Bedeutungslosigkeit, während Ihre Gesundheit zum Mittelpunkt der Aufmerksamkeit wird.

Jedem Menschen stehen zwei Alternativen offen, auf welche Weise er dem Krebs oder jeder anderen Krankheit gestattet, sein eigenes Leben zu verändern: Er kann sich dafür entscheiden, in Verzweiflung zu versinken, in einen Zustand der Hoffnungslosigkeit und Apathie, oder andererseits sein Kämpferherz wecken und mit positivem Optimismus an die Dinge herangehen. Die eigene geistige Haltung ist von zentraler Bedeutung. Die zu erlernende Fähigkeit, mit Krankheit umzugehen, kann dabei auch im Loslassen bestehen: dem Körper gestatten, sich zu erholen, die Situation zu akzeptieren, statt Widerstand zu leisten. Das ist nicht dasselbe wie Aufgeben, sondern nur ein Zulassen, damit Körper und Seele Zeit erhalten, ihre eigenen Energiereserven wieder aufzufüllen. Ein Gleichgewicht muß gefunden werden, denn Überanstrengung führt nicht zu Gesundheit und Wohlbefinden, sondern zu zusätzlichem Streß und Erschöpfung.

Untersuchungen und Studien der Einstellungen von Krebspatienten ergaben durchweg, daß ihre Lebenshaltung nicht zukunftsorientiert ist, daß sie dazu neigen, über Mißgeschicke der Vergangenheit zu brüten, und daß sie kein Selbstvertrauen besitzen. Oft hat der Betreffende schwere emotionale Störungen in der frühen Kindheit erlitten, die im Zusammenhang stehen mit den Beziehungen zu den Eltern und/oder dem Zerbrechen der Familie durch Scheidung oder dem Tod eines der Elternteile. Als Folge hiervon erfährt das Kind ein starkes Gefühl von Verlust oder Zurückweisung.

Lawrence LeShan hat eine der ausführlichsten Untersuchungen über die psychischen Faktoren bei der Krebsentstehung erarbeitet. Nachdem er Informationen über eine Gruppe von 250 Patienten mit bösartigen Tumoren gesammelt hatte, konnte er einige charakteristische psychologische Verhaltensmuster isolieren.

1. Der Verlust eines Partners, bevor der Krebs diagnostiziert wurde. (1926 schrieb die Jungsche Analytikerin Dr. Elida Evans in *Eine psychologische Studie über den Krebs*, die sich auf ihre Beobachtungen bei 100 Krebs-Patienten stützte, daß viele von ihnen eine wichtige emotionale Beziehung vor Ausbruch ihrer Krankheit

verloren hatten. In dieser Beziehung hatten sie ihre eigene Identität in solchem Maße aufgegeben, daß sie nach dem Fortgang ihres Partners nichts mehr besaßen, worauf sie sich hätten stützen können. Vielleicht ist es deshalb auch kein Zufall, daß sich sechs der zehn Faktoren, die die Holmes/Rahe-Streßskala anführt, auf andere Menschen beziehen, auf unser Verhältnis zu dem anderen, so, wie wir es wahrnehmen und mit ihm umgehen: Tod eines Ehegatten, Scheidung, Trennung, Tod eines engen Familienmitglieds, Heirat, Aussöhnung in der Ehe etc.).
2. Die Unfähigkeit, zur eigenen Verteidigung Aggressivität einzusetzen.
3. Gefühle von Wertlosigkeit und Selbsthaß.
4. Spannungen in den Beziehungen zu den Eltern.

Carl und Stephanie Simonton gaben etwa gleichlautende prädisponierende Faktoren an:

1. Starke Tendenz, Ärger zurückzuhalten, und Unfähigkeit, zu verzeihen.
2. Neigung zu Selbstmitleid.
3. Mangelnde Fähigkeit, langfristige Beziehungen aufzubauen und aufrechtzuerhalten.
4. Schwaches Selbstbild.

In den Jahren 1973 und 1974 entdeckten Dr. Greer und Dr. Morris vom Londoner Kings-College-Hospital auf der Basis von Interviews mit 160 Frauen, die kurz vor einer Biopsie wegen unklarer Knotenbildung in der Brust standen, daß die 69 Frauen, deren Biopsien bösartige Tumore ergaben, im Gegensatz zu den anderen Frauen mit gutartigen Knoten verstärkt dazu neigten, ihre Aggressionen zu unterdrücken und andere Emotionen zurückzuhalten.

Eine Anzahl rückschauender Studien weist darauf hin, daß die mangelnde Fähigkeit, den eigenen Gefühlen Ausdruck zu verleihen, die Krebswahrscheinlichkeit erhöht. Im Februar 1986 wies eine über vier Jahre dauernde Studie an 2163 Frauen, die sich einer Brustdurchleuchtung unterzogen (durchgeführt in Manchester, Huddersfield und London unter der Leitung von Professor Carey Cooper), einen statistischen Zusammenhang nach zwischen Krebs und andererseits Streß in Verbindung mit der Fähigkeit des einzelnen, ihn zu bewältigen. Die Studie ergab darüber hinaus, daß die Wahrscheinlichkeit des Auftretens von Brustkrebs höher war bei Frauen, die ihre Gefühle nur widerstrebend äußern, die weniger durchsetzungsbereit waren und zurückgezogener lebten.

Zwei bedeutsame Konstanten schälten sich aus einer Anzahl von Untersuchungen heraus: Im funktionellen Zusammenhang mit ihrer Krankheit scheinen Krebspatienten beträchtliche Schwierigkeiten in ihren persönlichen Beziehungen zu erleben, und es besteht offenbar eine positiv wirkende Verbindung zwischen der Qualität der Beziehungen eines Menschen mit anderen und seiner Fähigkeit, mit Krankheit umzugehen. 1977 erschien im *American Journal oft Medical Science* ein Bericht über Post-Mastektomie-Depressionen: Nach drei- bis viermonatiger Beobachtung von 120 Krebspatienten, die sich einer Mastektomie (Brustamputation) unterziehen mußten, zeigte sich, daß das Vorhandensein einer starken zwischenmenschlichen Unterstützung als psychologischer Plus-

punkt anzusehen war, der wesentlich zu einer erfolgreichen Bewältigung beitrug.
Es gibt Patienten, bei denen die Krankheit schon unter Kontrolle schien, aber Jahre nach der Entfernung der primären Geschwulst wieder ausbrach. Die seit der Erstdiagnose im Körper vorhandenen und einige Zeit erfolgreich unter Kontrolle gehaltenen Zellen beginnen sich plötzlich zu regen — warum? Die Ursache liegt auf der Hand: Das Immunsystem der Betreffenden — bis dahin fähig, die bösartigen Zellverbände unter Kontrolle zu halten — funktioniert aus irgendeinem Grunde nicht oder nur fehlerhaft. Heute hält man allgemein eine direkte Verbindung zu Streßniveau, Trauma oder psychischer Belastung für gesichert, die als Auslöser für das Wiederaufflammen des Krebs gelten können, indem sie die Widerstandskraft des Immunsystems brechen. Einen Großteil der Sorgen und Spannungen des Alltags schaffen wir uns selbst — durch unsere Erwartungen an andere, durch Zweifel, Mißverständnisse, verletzten Stolz, verletzte Gefühle, Mangel an Kommunikation etc. Nach und nach werden aus ihnen offene Wunden, eitrig von Zorn, Trauer und verletzten Gefühlen. Aber es führt ein besserer Weg heraus aus dieser Krankheit des Gefühls. Meditation und Entspannung können uns helfen, Körper und Geist zur Ruhe zu bringen, und, abgesehen von einer wirksamen und positiven Streßbewältigung, helfen sie, unnötige Erschöpfung zu vermeiden; sie geben den ureigenen natürlichen Heilkräften des Körpers die Chance, wirksamer zu funktionieren. Zur Ruhe kommen, richtig atmen und mit offener und aufnahmebereiter Einstellung entspannen ist alles, was dazu nötig ist. Wenn wir Angst, Sorge und Streß in uns ausatmen und die Atmung in der

Bauchregion vertiefen, stellt sich ein beruhigender Effekt ein, der uns eine tiefere Entspannung erreichen läßt.
Bevor ich jedoch diese Heilmethoden bespreche, werfen wir einmal gemeinsam einen Blick auf die *Sorge*, vielleicht die am leichtesten faßliche Form von Streß. Sorgen haben noch nie Probleme gelöst und führen unweigerlich dazu, daß Sie sich noch schlechter fühlen. Wozu deshalb die Sorgen? Wenn Sie dazu neigen, sich Sorgen zu machen, dann mag sich die folgende Liste von Ratschlägen für Sie als hilfreich erweisen. Ursprünglich wurden sie vom Gesundheitsministerium von Neusüdwales in Australien veröffentlicht.

1. *Sprechen Sie sich aus*. Teilen Sie Ihre Sorgen mit jemandem. Es ist erstaunlich, um wieviel besser Sie sich fühlen, wenn Sie mit jemandem sprechen können.
2. *Schreiben Sie die Sorge auf*. Versuchen Sie, sie zu Papier zu bringen und dann auf ihre wahren Dimensionen zurechtzustutzen.
3. *Lachen Sie das Problem fort*. Zerstreuen Sie es mit Humor; geben Sie's zu: Es ist schwieriger, sich zu sorgen, wenn man lacht.
4. *Schütteln Sie es ab*. Versuchen Sie, Ihre Schultern zu heben und dann fallen zu lassen; entspannen Sie sich. Das funktioniert: Wenn man sich Sorgen macht, setzt sich die Spannung häufig in Nacken und Schultern fest, und man läuft dann mit hochgezogenen Schultern herum.
5. *Atmen Sie sich durch die Sorgen*. Atmen Sie langsam aus dem Bauch heraus und beruhigen Sie sich. Je besorgter Sie werden, desto schlechter wird Ihre At-

mung; je schlechter Ihre Atmung wird, desto verkrampfter fühlen Sie sich. Wenn Sie anfangen, Ihre Atmung zu kontrollieren, indem Sie langsam und locker ein- und ausatmen, werden Sie sich bald viel besser fühlen.

6. *Schaffen Sie Ausgleich*. Betrachten Sie das Leben als Geschenk und seien Sie dankbar, denn ganz gleich, wie schlimm Ihre Situation auch im Augenblick sein mag, es gibt sicherlich auch gute Dinge in Ihrem Leben. Doch sehr leicht verfällt man darauf, sich eher auf das Negative als auf das Positive zu konzentrieren. Versuchen Sie, dem Geschehen das Positive gegenüberzustellen und so ein Gleichgewicht zu schaffen. Addieren Sie dann das Gute, das sich aus der gegenwärtigen Lage ergibt.

7. *Machen Sie eine Liste praktikabler Alternativen*. Sitzen Sie nicht nur einfach herum und machen sich Sorgen. Sich sorgen hat noch niemals die Lösung eines Problems herbeigeführt. Wägen Sie die Situation ab, analysieren Sie sie und handeln Sie dann. Tun Sie etwas dagegen.

8. *Rücken Sie die Situation in die Ferne*. Betrachten Sie die Situation einmal aus der Vergangenheit vor fünf Jahren, und projizieren Sie sie dann in die Zukunft: Wie sieht sie in fünf Jahren aus? Wenn Sie Ihr Problem mit innerem Abstand sehen können, gewinnen Sie manchmal eine völlig andere Perspektive.

9. *Legen Sie die Sorgen beiseite*. Suchen Sie sich einen geeigneten Zeitpunkt, vielleicht gleich als erstes nach dem Aufstehen oder kurz vor dem Schlafengehen, setzen Sie sich hin und tun Sie nichts anderes als über das Problem nachzugrübeln. Wenn Sie sich

fünfzehn Minuten lang Sorgen gemacht haben, sagen Sie sich: »O.k., das reicht; ich habe mir jetzt lange genug Sorgen gemacht. Ich habe für heute genug getan. Ich werde jetzt nicht weiter darüber nachdenken.«

10. *Reagieren Sie sich ab*. Betätigen Sie sich körperlich. Gehen Sie raus und gewinnen Sie einen klaren Kopf. Viel zu viele von uns pflegen eine vorwiegend sitzende Lebensweise: Wir fahren zur Arbeit, sitzen im Büro, kommen nach Hause und sitzen vor dem Fernseher. Wir bewegen uns kaum, und wenn wir uns Sorgen machen, verspannen wir uns. Führen Sie den Hund aus, spalten Sie Holz, machen Sie Aerobics — irgend etwas, bei dem Sie sich körperlich betätigen, denn das kann eine gute Hilfe sein.

11. *Beißen Sie sich durch*. Schließen Sie kurz die Augen und, anstatt mit dem Schlimmsten zu rechnen, stellen Sie sich vor, wie Sie das Problem angehen und aus der Welt schaffen.

12. *Löschen Sie das Problem aus*. Denken Sie positiv; neutralisieren Sie die negativen Gedanken.

13. *Übertreiben Sie*. Malen Sie sich das Schlimmste aus, das passieren kann, und fragen sie sich dann: »Wie hoch ist die Wahrscheinlichkeit, daß es tatsächlich so kommt?« Das Witzige dabei ist, daß nach einer Rückkehr von der Vorstellung des Schlimmsten, was geschehen könnte, die aktuellen Sorgen viel weniger wichtig erscheinen als zuvor.

14. *Stoppen Sie das Problem*. Sagen Sie zu sich selbst: »Halt! Pause.« Wenn Sie eine Pause einlegen, schauen Sie sich einmal um, denn nur allzuoft verbringt man seine Zeit mit Sorgen und versäumt da-

bei, an etwas anderes zu denken. Manchmal, wenn man sich eine Pause gönnt — wenn Sie losziehen und etwas anderes tun, als sich zu sorgen —, dann fängt man an, an andere Dinge zu denken; wenn Sie sich dann später wieder dem Problem zuwenden, fällt Ihnen plötzlich eine gänzlich alternative Lösung ein, auf die Sie vorher nicht gekommen wären.

15. *Entkommen Sie dem Problem*. Schenken Sie Ihre Aufmerksamkeit den schönen Dingen in Ihrer Umgebung, und kehren Sie in die Gegenwart zurück. Leben Sie in der Gegenwart. Verschwenden Sie nicht Ihr ganzes Leben voll Reue oder Schuldgefühl über vergangene Ereignisse, und machen Sie sich keine Sorgen um die Zukunft, denn dabei würden Sie die wichtigste Zeit von allen versäumen — die Gegenwart. Sie können Ihr ganzes Leben voll Reue über die Vergangenheit und voll Sorge über die Zukunft verbringen und dabei völlig vergessen zu leben.

16. *Geben Sie das Problem weiter*. Machen Sie Ihre Sorgen zum Problem eines anderen, zumindest so lange, bis Sie sich wieder bei Kräften fühlen. Bei meinen Patienten kommt das häufig vor; vielleicht wurden sie krank, weil sie irgendein großes Problem mit sich herumschleppten oder unter großem Streß standen, oder vielleicht hatten sie es mit unüberwindlichen finanziellen Problemen zu tun, die sie ganz allein zu lösen versuchten. Machen Sie Ihre Sorgen zum Problem eines anderen — bitten Sie einen Steuerberater oder jemand anderen, Ihre finanziellen Probleme in den Griff zu bekommen, zumindest so lange, bis Sie sich ihnen wieder gewachsen fühlen.

17. *Drehen Sie die Situation um.* Tun Sie genau das Gegenteil und prüfen Sie, wie es dann ist.
18. *Heißen Sie das Problem willkommen.* Tun Sie das Gegenteil, und prüfen Sie, wie es dann ist.
19. *Nehmen Sie das Problem in die Zange.* Denken Sie wie ein Tatmensch und handeln Sie wie ein Denker.

Vier Methoden der Entspannung empfehle ich meinen Patienten. Unter Entspannung verstehe ich nicht in sich zusammengesunkenes Sitzen vor dem Fernseher oder Schlafen. Entspannung stellt eine positive *Aktivität* dar, eine Fertigkeit, die man erlernen und regelmäßig praktizieren muß, damit sie ihre spezifische Wirkung auf Körper und Geist entfalten kann. Eine kurze Zeitspanne aktiver Entspannung von zehn bis zwanzig Minuten pro Tag hat Folgen: Senkung des Blutdrucks und der Herzschlagfrequenz, Beseitigung von Erschöpfungszuständen, Erhöhung der Konzentrationskraft, Linderung einer Vielfalt von Spannungssymptomen wie z. B. Kopf- und Rückenschmerzen. Das Erlernen einer geeigneten Entspannungstechnik kann für uns alle ein lohnendes Unterfangen sein. Entspannungsmethoden zu erlernen braucht seine Zeit und zeigt möglicherweise erst nach Wochen Wirkung; hat man sie aber erst gemeistert, wächst ihre wohltuende Wirkung von Tag zu Tag; zudem besteht keinerlei Risiko, von ihnen abhängig zu werden.

Die Technik der »Mentalen Imagination«

Setzen Sie sich bequem hin oder legen Sie sich hin, wobei Ihr Rücken gut gestützt sein sollte, und werden Sie sich Ihres Gesichts bewußt. Ist Ihre Stirn gerunzelt oder sind Ihre Zähne zusammengebissen? Beides sind Zeichen von Muskelspannung durch Übererregung. Beißen Sie nun bewußt und absichtlich Ihre Zähne zusammen, runzeln Sie die Stirn und spitzen Sie die Lippen. Reißen Sie Ihre Augen auf, entspannen Sie dann alle diese Muskeln für einen Augenblick und wiederholen Sie die Bewegungen. Während Sie Ihren Körper hinunterwandern, können Sie auch Ihre Schultern miteinbeziehen, indem Sie sie nach unten in Richtung Füße drücken und dann wieder entspannen. Ballen Sie Ihre Fäuste vom Körper weg, heben Sie Ihre Zehenspitzen an und entspannen Sie dann auch diese Muskeln.

Nun folgt eine typische Entspannungsübung, wie ich sie auch bei vielen meiner Patienten anwende; natürlich ist sie am wirksamsten, wenn sie von jemandem für Sie gesprochen wird, am besten begleitet von sanft-beruhigender Hintergrundmusik.

Ich möchte, daß Sie Ihre Zunge entspannen, indem Sie sie sanft hinter Ihren Unterkieferzähnen zur Ruhe kommen lassen. Öffnen Sie Ihr Gebiß ein wenig und lassen Sie Ihre Lippen sich ganz sanft berühren.

Während Sie Ihre Augen schließen, lassen Sie Ihren Blick nach innen schweifen. Ihre Augen sind geschlossen, sinken tief, tief in ihre Höhlen zurück. Zwingen Sie sie zu nichts, lassen Sie sie einfach los, solange ihre Bewegung leicht und ungezwungen ist. Wenden Sie Ihr Gehör nach innen und lassen Sie alle Geräusche nach und nach verklingen.

Atmen Sie nun tief ein und füllen Sie Ihre Lungen. Während Sie ausatmen, sinken Sie tiefer und tiefer in sich selbst hinab; atmen Sie ein, und sinken Sie immer tiefer in sich selbst; atmen Sie ein, und ziehen Sie sich immer mehr in sich selbst zurück. Sie sinken in einen friedvollen Zustand. Ihr Körper fühlt sich

schwer an, warm und entspannt. Lauschen Sie nun Ihrem Herzen, seinem steten und regelmäßigen Schlagrhythmus. Während Sie Ihrem Herzen lauschen, fühlen Sie seinen Schlag im ganzen Körper. Sie fühlen sich wie an Bord eines Bootes auf einem ruhigen, sanften Meer. Das Wasser plätschert und schaukelt Sie sanft. Einatmen und Ausatmen sind wie die Wellen, die Sie sanft wiegen. Das Auf und Ab setzt sich in Ihrem Geist fort, und während Sie sich wiegen, fallen die negativen Gefühle, eines nach dem anderen, von Ihnen ab: Frustration, Trauer, Depression, Kopfschmerz, Sorgen, Ärger und alle anderen. Sie fühlen sich gelassen und zufrieden; Sie fühlen sich so großartig, daß Sie wünschten, alle Welt würde das Gefühl mit Ihnen teilen. Aus den Tiefen Ihres Herzens entspringt eine Leichtigkeit, und Sie spüren, wie Sie in stetem Strom durch Ihren ganzen Körper fließt. Sie fühlen sich leichter und schwereloser, treiben langsam in einen Zustand friedvoller Entspannung.
Stellen Sie sich nun vor, Sie würden oben auf einer Treppe stehen; tatsächlich hat sie zehn Stufen. Ich möchte, daß Sie nun langsam von eins bis zehn zählen, bei jeder Zahl eine Stufe hinabsteigen und gleichzeitig bei jedem Schritt ein- und ausatmen. Eins, zwei, drei, vier, fünf, sechs, sieben, acht, neun, zehn. Am Fuß der Treppe entdecken Sie einen wunderschönen Garten. Stellen Sie sich vor, wie Sie in diesem Garten umherzuwandern beginnen und sich dabei noch friedvoller, immer entspannter und ruhiger fühlen. Lassen Sie einfach die Welt am Kopf der Treppe zurück. Das Gras unter Ihren Füßen fühlt sich wie ein Kissen an, Blumenduft erfüllt die frische, klare Luft, die Sonne wärmt, und überall herrscht Ruhe und Frieden. Lassen Sie den bewußten, fragenden Teil Ihres Geistes los — er hat in diesem Garten keinen Platz. Das hier ist ein Garten der Passivität, der die Rückseite Ihres Geistes ins Blickfeld wandern läßt. Während Sie langsam durch den Garten wandern, gelangen Sie an einen

überhängenden Felsen: ein Bächlein plätschert dort sanft in einen tieferliegenden, seichten Teich. Strecken Sie Ihre Hände aus und tauchen Sie sie ins Wasser. Es fühlt sich frisch und kühl an. Die silbrigen Wassertropfen fangen die Sonnenstrahlen auf und besprenkeln Ihr Gesicht mit buntem Lichtgeflimmer. Ich möchte nun, daß Sie sich vorstellen, wie Sie sich unter diesen kleinen, sanften Wasserfall stellen und das kühle Wasser über Ihren Körper rinnen lassen. Während das Wasser an Ihnen herabgleitet, stellen Sie sich vor, daß sich alle Ihre Muskeln entspannen, entspannen in diesem Strom sanft herabrieselnden Wassers. Werden Sie sich nun Ihrer Hände bewußt, bewegen Sie Ihre Finger, richten Sie Ihr Bewußtsein auf Ihre Füße. Blinzeln Sie nun mit den Augen und strecken Sie sich. Fühlen Sie sich wie auf dem Gipfel der Welt, und bleiben Sie sich dieses Gefühls von Frieden, Wohlbefinden und Erlösung von Schmerzen bewußt, das Sie jetzt begleiten wird.

Atmen

Eine vertraute Szene: Sie fahren gerade in Ihrem Auto, und jemand biegt vor Ihnen aus einer Nebenstraße in die Hauptstraße ein, ohne auf Sie zu achten. Einen Augenblick lang scheint ein Zusammenstoß unvermeidlich, und während Sie blitzartig die Bremse treten, verwandelt sich Ihr Körper angesichts der drohenden Gefahr gedankenschnell in einen Zustand höchster Aufmerksamkeit; im letzten Moment kann der Zusammenstoß vermieden werden, aber die Streßbelastung, die er auslöste, bleibt. Was tun Sie nun? Ganz einfach: Sie kontrollieren Ihre Atmung.
In diesem Augenblick haben Sie viel gemeinsam mit einem Hochleistungssportler oder einer Mutter während

der Geburt: beide haben Techniken der Tiefenatmung erlernt, um Ängste und Schmerzen zu reduzieren. Es gibt positive Anwendungsbereiche für kontrolliertes Atmen, aber leider neigen nur allzu viele Menschen dazu, dem Beispiel der RAF*-Piloten während des Zweiten Weltkriegs zu folgen. Das größte Problem für die RAF war damals der Verlust an Menschen und Flugzeugen wegen des »Frontkollers«. Am meisten verblüffte die RAF das Fehlen irgendwelcher Verhaltensmuster bei diesen Zusammenbrüchen. Einige Piloten brachen schon nach einigen wenigen Flügen zusammen, während andere ohne äußerlich erkennbaren Grund die Statistik verdoppelten oder verdreifachten. Und es gab einige Piloten, die von der Belastung scheinbar völlig unberührt blieben und niemals zusammenbrachen.

Die meisten Menschen würden das für völlig normal halten — unterschiedliche Charaktere, unterschiedliche Reaktionen. Aber im Fall der Kampfpiloten steckte mehr dahinter. Piloten mußten sich den härtesten Eignungstests unterziehen, und nichts wurde dem Zufall überlassen, da es meist recht lang dauerte, bis die Piloten und auch die Maschinen abgelöst wurden. Alle Männer zeigten ähnliche Reaktionen bei den Tests und hatten deshalb vieles gemeinsam. Etwa gegen Ende des Krieges fiel den Forschern ein merkwürdiges Faktum auf, das geprüft und gegengeprüft wurde und bei allen Tests Bestätigung fand. Diejenigen Piloten mit den längsten Zeitintervallen zwischen Ein- und Ausatmung waren praktisch immun gegen Streß; je kürzer das Intervall, desto rascher folgte der Zusammenbruch.

* Abk. für Royal Air Force, die britische Luftwaffe.

Um ein zu tiefes Atmen zu beschreiben, verwendet man den Begriff *Hyperventilation* — viele Menschen atmen zu schnell oder zu tief im Verhältnis zu den Anforderungen ihres Körpers. Daraus resultiert eine Abnahme des Kohlendioxidspiegels im Blut, was vielerlei Symptome hervorrufen kann. Richtig atmen lernen — d. h. Bauch- statt Brustatmung in geeigneter Frequenz — kann dramatische Veränderungen in Ihrem Befinden auslösen. Im allgemeinen ist hier die Anleitung eines ausgebildeten Physiotherapeuten vonnöten, weil Hyperventilation meist Ausdruck langjähriger Gewohnheit ist. Ärzte kommen allmählich dahinter, daß eine Vielzahl von Krankheiten mit ihr im Zusammenhang stehen, denen man früher andere Ursachen zuschrieb.

Angstzustände werden um ein Vielfaches verstärkt, wenn der Atemrhythmus aus dem Gleichgewicht gerät. Die Veränderung dieses Rhythmus kann ein nervöses Wrack in einen leistungsfähigen, entspannten Menschen zurückverwandeln. Um herauszufinden, ob Sie hyperventilieren, stehen Sie einfach auf und plazieren Sie eine Hand auf Ihre Brust, die andere auf Ihren Bauch. Atmen Sie ganz normal und beobachten Sie, welche Hand sich rührt. Wenn sich Ihre obere Hand bewegt, atmen Sie falsch: Das kann die tieferliegende Ursache für unerklärliche körperliche Symptome sein. Wenn sich die untere Hand bewegt und die obere auf der Brust ruht, dann atmen Sie mit dem Zwerchfell, dem Organ für die korrekte Ruhe-Atmung. Die Brustatmung kommt zum Einsatz für zusätzlichen Sauerstoffbedarf bei der Kampf-oder-Flucht-Reaktion.

Der menschliche Körper besitzt bemerkenswerte Anpassungs- und Ausdauerfähigkeiten. Menschen können lange Zeit ohne Nahrung und mehrere Tage ohne Flüssigkeit auskommen, aber ohne Luft verlöscht unser Leben innerhalb von Minuten. Tatsache ist, daß jede Körperzelle eine stete Zufuhr von Sauerstoff braucht, um ihre zugewiesene Funktion erfüllen zu können. Die Aufgabe der Atmung ist es, diese Energie dem Blutstrom zuzuführen. Weil das aber automatisch geschieht, haben Sie dieser Tatsache bisher vielleicht nur sehr wenig Aufmerksamkeit geschenkt. Ohne die Atmung kommt jedoch alles zum Stillstand. Wenn die Luft sauber, Ihre Lungen kraftvoll, Ihr Körper entspannt und Ihr Geist klar ist, dann fühlen Sie sich rundum wohl. Leider erreichen wir diesen Idealzustand nur selten. Die Atmung läßt sich mit der Funktion des klassischen Blasebalgs in einer Schmiede vergleichen — ziehen Sie den Griff nach oben, öffnen Sie den Blasebalg, und schon wird die Luft eingesaugt; drücken Sie nach unten, pressen Sie den Balg zusammen, und die Luft entweicht nach außen. Volumen und Druck bilden die Elemente dieses Prozesses. Mit dem Volumenzuwachs des Blasebalgs nimmt der Innendruck ab, erzeugt so einen Vakuumeffekt, die Außenluft wird nach innen gesaugt. Wenn der Balg zusammenfällt, nimmt das Volumen ab, der Innendruck erhöht sich und preßt die Luft wieder nach außen.

Jede Zelle, alle Muskeln, Knochen und Organe in Ihrem Körper brauchen Sauerstoff. Wenn ein Teil von Ihnen krankt, wird der gesamte Organismus aus dem Gleichgewicht geworfen. Wachsame rote Blutkörperchen eilen dem verletzten oder kranken Körperteil zu Hilfe. Da der eingeatmete Sauerstoff zur Energiegewinnung der Zelle notwendig ist, folgt konsequenterweise, daß diese Zellen bestens mit Sauerstoff versorgt sein müssen, um eine Heilung zu bewerkstelligen. Schon seit langem weiß man, daß die Angst, die eine bedrohliche Situation begleitet, Schmerzen verstärken kann. Als spontane Reaktion auf die Notwendigkeit, zu kämpfen oder zu fliehen, sorgt Angst für eine Anspannung des Körpers. Wir haben es also mit einem zweistufigen Prozeß zu tun: Angst verstärkt die Spannung, und die Spannung verstärkt den Schmerz. Die Regulierung der Atmung kann Ihnen helfen, sowohl Angst als auch Schmerzen zu lindern.

Ein gutes Beispiel liefert uns die intuitive Weisheit, die Eltern von Kleinkindern besitzen. Dem Kind, das weint und um Atem ringt, sagt man, es solle sich beruhigen und einen tiefen Atemzug tun. Die Mutter weiß, daß Angst und der Anblick von Blut die Schmerzen des Kindes noch verschlimmern. Panikreaktionen rufen im allgemeinen das gleiche Schnappen nach Luft und eine flache Atmung hervor. Wenn wir die Aufmerksamkeit des Verletzten auf die Atmung lenken, kann das manchmal die Angst fast im gleichen Augenblick verringern. Um mit Hilfe dieser Technik auch eine Krisensituation bestehen zu können, wäre es nützlich, sie regelmäßig zu üben. Wenn Sie sich das nächste Mal aufregen, achten Sie einmal auf Ihre Atmung; sehr wahrscheinlich wird Ihr Atem flach und schnell sein, wenn Sie ängstlich oder angespannt sind — Sie hyperventilieren. Die Atmung zu verlangsamen ist eine der wirksamsten Methoden, um Streßwirkung zu neutralisieren.

Dr. Claude Lumm, vormals beratender Lungenfacharzt am Papworth-Krankenhaus in der Nähe von Cambridge und Pionier der Hyperventilationsforschung in England, ist der Meinung, daß eine chronisch zu flache und rasche Atmung zu Angstzuständen führen kann, die ihrerseits

Herzstörungen nach sich ziehen. Er wies nach, daß Angstzustände bei streßbelasteten Patienten schon allein durch Atemübungen in hohem Maße reduziert werden können.
Um das tiefe Atmen einzuüben, schlug er vor, eine Zahl und dann ein dreisilbiges Wort zu murmeln, um eine Sekunde verstreichen zu lassen. Vielleicht klingt es ein wenig töricht, aber Sie könnten beispielsweise sagen: ein E-le-fant, zwei E-le-fant. Das kann man jederzeit und überall praktizieren und dann reagiert man in Streßsituationen automatisch mit dieser Atmung.

Beginnen wir mit einer Atemübung, die die Atmung zeitlich ausdehnt und ein friedvolles Gefühl vermittelt.
Nehmen Sie eine bequeme Position ein; weder Ihre Arme noch Ihre Beine sollten gekreuzt sein. Überlassen Sie Ihr Gewicht dem Stuhl oder dem Boden. Achten Sie auf einen geraden Rücken und entspannte Schultern. Schließen Sie nun langsam die Augen und entspannen Sie Ihre Stirn- und Augenbrauenregion.
Atmen Sie nun ein und zählen Sie dabei bis vier, atmen Sie aus und zählen Sie dabei bis acht. Achten Sie auf völlig entspannte Schultern und lassen Sie Ihre Atmung langsam in Rhythmus kommen. Einatmen, vier Pulsschläge — ausatmen, acht Pulsschläge.
Richten Sie Ihre Wahrnehmung auf das sanfte Auf und Ab Ihrer Atmung. Seien Sie sich der Tatsache bewußt, daß Sie nicht nur Atem (= Lebenskraft) holen, sondern daß Sie ihn doppelt wieder von sich geben.
Richten Sie Ihre Aufmerksamkeit nun auf Ihre Nase und stellen Sie sich vor, wie die Luft wohl aussehen könnte, während Sie hier Ihren Körper betritt. Stellen Sie sich vor, wie Sie dem Weg

*der Luft in die Lungen hinunter folgen und ihrem Umherwirbeln zuschauen. Beobachten Sie nun, wie sie zurückkehrt und wieder nach außen tritt; beim Verlassen sprechen Sie zu sich selbst, daß sie dabei Spannung, Schmerz und Krankheit mit sich führt. Mit jedem Atemzug wirbelt die heilende Kraft in Ihren Körper hinein. Richten Sie Ihr Bewußtsein nun auf die Bauchmitte; denken Sie sich dort eine kleine Öffnung, durch die Sie atmen; schauen Sie zu, wie der Sauerstoff hereinkommt, in Bauch und unterem Rückenbereich herumwirbelt und dann wieder hinausströmt. Mit dem Ausatmen durch diese winzige Öffnung werden Spannung und Schmerzen davongetragen und freigesetzt. Konzentrieren Sie sich nun auf einen Punkt in Ihrer Brustmitte, nahe am Herzen. Stellen Sie sich vor, eine kleine Tür öffne sich dort und die Luft ströme durch diese Tür in Ihre Brust und durch Ihren gesamten Oberkörper direkt ins Herz. Beobachten Sie ihr Wirbeln und wie sie beim Ausatmen alle Spannung fortnimmt. Stellen Sie sich vor, wie sich beim Ausatmen aller Streß und alle Angst auflösen. Mit jedem Atemzug, den Sie tun, atmen Sie Lebenskraft und heilende Energie ein.
Stellen Sie sich nun vor, daß das Zentrum Ihrer Atmung in die Mitte Ihrer Stirn wandert. Atmen Sie von dort aus, lösen Sie jede Anspannung auf Ihrer Stirn. Stellen Sie sich vor, Ihr Kopf sei voller Spinnweben, die mit jedem Atemzug nach und nach beseitigt werden. Atmen Sie ganz natürlich weiter und beginnen Sie sich zu strecken.
Öffnen Sie langsam die Augen, und seien Sie sich bewußt, daß Sie dieses Gefühl von Wohlbefinden den Rest des Tages begleiten wird.*

Körpertraining

Psychologisch gesehen bietet körperliche Bewegung die Chance, sich von der ständigen Beschäftigung mit Beruf und Alltag eine Weile loszusagen. Ebenso bietet sich die Gelegenheit, aufgestaute Gefühle loszuwerden. Dr. Alexander Leaf von der Harvard Medical School führte kürzlich in verschiedenen Ländern umfangreiche klinische und soziale Untersuchungen bei sehr alten Menschen durch. Seine Studien ließen ihn die Überzeugung gewinnen, daß Langlebigkeit nicht nur Resultat maßvollen Essens, sondern auch einer energischen und kontinuierlichen körperlichen Betätigung ist. Körpertraining ist eine der simpelsten Methoden, die Wirkungen von Streß zu reduzieren: Es verbessert die allgemeine körperliche Fitneß und Widerstandskraft gegen Krankheit. Durch eine Beschleunigung des Kreislaufs und Erhöhung der Sauerstoffaufnahme stärkt es die Muskeln und unterstützt die aktiven Wachstumsprozesse in allen Körperzellen. Streß wird von ihm in spezifischer und heilsamer Weise beeinflußt.

Die Yogis alter Zeiten wußten um viele Dinge, die die wissenschaftliche Forschung erst heute auf einer anderen Ebene wiederentdeckt. Es ist eine Tatsache, daß man »verliert, was man nicht anwendet«. Ärzte ermutigen heute ihre Patienten, die sich von einem Herzanfall erholen, ein langsam sich steigerndes, vorsichtiges Körpertraining zu beginnen. In Krankenhäusern werden in vielen Fällen Entspannungstechniken unterstützend angewandt, von der Schwangerschaft über Angstzustände bis zu Schlaflosigkeit und Asthma. Es kommt durchaus vor, daß Ärzte Yoga empfehlen oder es selbst praktizieren. Die Medizi-

ner sind darauf bedacht, ältere Menschen zur körperlichen Bewegung anzuhalten. Besonders wichtig (gleichzeitig am schwersten durchzuführen) ist dies beim Arthritis-Patienten. Viele ältere Menschen geben an, daß sich gerade Yoga bei diesem Problem als besonders hilfreich erwiesen hat; ausschlaggebend für seine Wirksamkeit ist jedoch das regelmäßige Üben (am besten kurz und häufig, niemals jedoch, solange ein Gelenk entzündet ist).
Ich habe mich oft für Yoga eingesetzt als eine ausgezeichnete Form des Körpertrainings. Sie fragen sich vielleicht: Warum Yoga und nicht z. B. Joggen? Die uralte Yogapraxis (sie entstand viele Jahrhunderte vor Christus) ist ideal für ältere Menschen — in der Tat für Menschen aller Altersstufen, die mehr oder weniger stark behindert sind. Wenn wir älter werden, tauchen oft Probleme mit der Gesundheit auf — eine »schwierige« Hüfte, Atembeschwerden, vielleicht ein Herzproblem oder Arthritis. Manchmal zögern wir dann, uns körperlich zu betätigen aus Angst, uns zu verletzen oder den Zustand zu verschlimmern. Vielleicht haben wir auch das Gefühl, ganz allgemein steifer zu werden, oder wir »sind einfach nicht mehr so jung, wie wir einmal waren« und haben wirklich nichts mehr übrig für das Herumgehüpfe, das all diese »Halt-Dich-fit«-Übungen mit sich zu bringen scheinen.
Yoga funktioniert so gut, weil seine Stellungen auf jeden Menschen individuell abgestimmt werden können. Wenn Sie Ihren Arm nur bis Schulterhöhe heben können, dann ist das in Ordnung, Sie arbeiten einfach auf dieser Ebene. Sie haben Zeit, die Grenze zwischen Anstrengung und Überlastung kennenzulernen, ohne Konkurrenzdenken oder das Gefühl, Sie müßten »mithalten«. Und Yoga ist mehr als nur körperliche Betätigung.

Gute Yogakurse richten ihre Aufmerksamkeit auch auf die Körperhaltung und die Atmung. Mentale Übungen kommen hinzu — Konzentration, Visualisierungskraft und natürlich Entspannung. Eine vollständige, balancierte und vor allem sanfte Methodik.

Lachen

Im Jahre 1986 wurde in Toronto, Kanada, ein Symposium für Ärzte, Krankenschwestern und Therapeuten zur heilenden Kraft von Spiel und Lachen abgehalten. Dabei ging es nicht nur um die physiologische Heilwirkung für den Patienten, sondern es wurde betont, daß auch die andere Seite — Ärzte und Krankenschwestern — ihren Sinn für Humor entwickeln müsse. Ein Fachmann für Lachtherapie ist der amerikanische Arzt Dr. Patch Adams, der Seminare für den »Arzt als Witzbold« abhält! Nach Pierre Dachet, einem französischen Arzt, kann Lachen die Atmung vertiefen, die Blutgefäße erweitern, die Gewebsheilung beschleunigen und viele Körperfunktionen stabilisieren. Kurz: es wirkt wie eine kraftvolle Droge. Französische Forscher, die Lachen als »Joggen im Stehen« bezeichneten, fanden heraus, daß Menschen, die viel lachen, weniger anfällig für Verdauungsbeschwerden und Magengeschwüre sind. Diese Untersuchungen führten in Frankreich zu einer Therapieform, die als *»Jovialisme«* bezeichnet wird, entwickelt in erster Linie von dem Franko-Kanadier André Moreau. Seine Studien brachten ihn zu der Überzeugung, daß Lachen Heilungsprozesse beschleunigt. Auch in Amerika merken Ärzte allmählich, daß Lachen eine der wirksamsten heilungsfördernden Methoden sein kann. Die Französin Julie

Hette hat sogar den Beruf eines professionellen Lachtherapeuten gewählt — Sie können sie für 300 Francs pro Stunde mieten, und Sie werden garantiert vor Lachen Tränen vergießen. Humortherapie ist in Amerika inzwischen so sehr als gültige Behandlungsmethode akzeptiert, daß einige Krankenhäuser damit begonnen haben, besondere »Lachzimmer« für ihre Patienten einzurichten.
Neuere Untersuchungen ergaben, daß Menschen, die über sich selbst lachen können, mit Schwierigkeiten viel besser umgehen und viel rascher wieder auf die Beine kommen als andere, die einem Unglück nicht lächelnd begegnen können. Harvey Mindess, ein amerikanischer praktischer Arzt, hat sich auf die Anwendung von Humor als Heilmethode spezialisiert. Er glaubt, daß Humor ein großartiges Werkzeug ist, um es mit allen Lebenslagen aufzunehmen. Wenn einer seiner Patienten sehr besorgt um eine Sache ist, versucht er ihn dazu zu bringen, durch Lachen über sich selbst aus seiner Wut oder Angst auszubrechen. Der Vorteil von Humor ist, daß man folgenlos eine Menge unterdrückter Gedanken loswerden kann, zu deren Ausdruck man normalerweise keine Chance hat. Wer sich seinen Sinn für Humor bewahrt, kann mit einer Vielzahl von Schwierigkeiten im Leben besser fertigwerden und aufgestaute Spannungen auf angenehme Weise lösen. Was mir immer wieder auffällt, nicht nur im Rahmen meiner Arbeit, sondern ganz allgemein, ist die Tatsache, daß einige Menschen immer sehr ernsthaft sind. Ich denke, der Grund dafür ist, daß Schule und Gesellschaft uns lehren, wie man arbeitet, aber nicht, wie man spielt.
Als anderes Wort für das Wort »Spiel« käme vielleicht »Er-

holung, Rekreation« in Frage. Das Wörterbuch definiert »Rekreation« so: »erneuern, neubeleben, mit Leben und Energie inspirieren«. Ich glaube, daß Spielen eine Form der Selbstheilung und Nahrung ist, und weil wir uns als Erwachsene kaum Zeit für Spiel und Spaß lassen, werden wir oft ernst. Das wiederum wirkt sich auf unsere Gesundheit aus.

Spielen ist eher eine innere Haltung als etwas, das Sie tatsächlich tun. Es ist eine Einstellung, die, wenn Sie Glück haben, das Alltägliche in etwas Interessantes und Aufregendes verwandelt. Für gewöhnlich assoziieren wir mit Spiel Dinge wie Spaß, Sport und Lachen. Aber Spielen kann auch friedvoll, entspannend und schön sein. Oft begegnet man Menschen, die keine Spiele spielen wollen, weil sie das für Zeitverschwendung halten. Zeitverschwendung ist es jedoch nur dann, wenn Sie das Spiel so definieren. Die Gesellschaft konditioniert uns, sie diktiert unsere gesamte Einstellung gegenüber Spiel und Spielen. Normalerweise halten wir Spiel für das Gegenteil von Arbeit, etwas, das man nur in der Freizeit tun darf. Kinder dürfen spielen, aber nicht Erwachsene — Erwachsene müssen ernsthaft sein. Psychologen sagen uns, daß in jedem von uns ein Kind steckt. Sie bezeichnen es als unser Kind-Ego und behaupten, daß dieser Kind-Ego-Zustand zwei Gesichter hat. In jedem von uns steckt ein kleines Kind, das spontan ist, das sich freut, schreit, mit den Füßen aufstampft, liebt und haßt. Die Psychologen nennen es das *natürliche Kind*. Das andere Kind ist stets abhängig von der Anerkennung anderer, sei es von den Eltern, von Lehrern, Arbeitgebern, Freunden oder von jedem, der irgendwie zu erkennen gibt, wie er sich das Verhalten dieses Menschen wünscht — und es

wird alles tun, um diese Anerkennung und Bestätigung zu erhalten. Dieses Kind muß sich anpassen, und deshalb nennen es die Psychologen auch das *angepaßte Kind*.
Das angepaßte Kind bringt Leistung, es gehorcht, stimmt zu und bemüht sich, die vielen, oft widersprüchlichen elterlichen Botschaften zu verinnerlichen, um als »gut« zu gelten. Wenn wir älter werden, verläßt uns dieses Kind nie, aber es scheint so, als ob das angepaßte Kind die Oberhand gewinnt und das natürliche Kind unterdrückt wird. Der größte Teil des Spielverhaltens im Erwachsenenalter ist eher eine Äußerung des angepaßten Kindes als des natürlichen Kindes. Könnte es ein besseres Beispiel für das Spielen des angepaßten Kindes geben als eine Fußball-Mannschaft? Wenn das angepaßte Kind spielt, finden wir häufig einen Zeitplan, Konkurrenzverhalten, Organisation, eine besondere Umgebung, gleich ob Fußballfeld oder Billardtisch. Sie müssen den korrekten Dreß tragen und die richtige Ausrüstung besitzen. Sie müssen ernsthaft ans Werk gehen, und harte Arbeit wird belohnt. Meine Behauptung ist, daß sowohl Konkurrenzverhalten als auch der Ernst, mit dem wir hier zu Werke gehen, starken Einfluß auf unsere Gesundheit ausüben.
Ich bin vielen Menschen begegnet, die das Leben als ein Spiel betrachten; manchmal gewinnt man, manchmal verliert man. Das ist in Ordnung — aber wenn Sie der Meinung sind, das Leben sei ein Spiel, dann müssen Sie sich klarmachen, daß es dabei Gewinner und Verlierer gibt. Gut, solange Sie selbst auf der Gewinnerseite sind. Gewinnen bringt Applaus, Lob, Belohnung, und es bedeutet gleichzeitig, daß Sie besser sind als jemand ande-

rer. Auf der Verliererseite zu sein jedoch bedeutet Versagen, Unvermögen, von anderen übertroffen zu werden. Zwischen Spielen und Konkurrenzdenken gibt es einen engen Zusammenhang.
»Wenn Sie kämpfen, wird einer verlieren. Wenn Sie lieben, wird jeder gewinnen.« Das ist die Lebensphilosophie, die wir uns aneignen müssen. Wir müssen das Leben als eine Erfahrung betrachten, bei der jeder gewinnt. Jeder *kann* gewinnen, wenn wir lieben, statt ständig zu kämpfen. Es gibt da eine Einstellung, die so viele Bereiche unserer Gesellschaft durchdringt: »Wenn ich nicht gut genug bin, um in die Mannschaft aufgenommen zu werden, dann *bin* ich nicht gut genug.« Diese Haltung beeinflußt so viele Lebensbereiche — Berufsleben, Schule und Erziehung, Politik, Freizeit und Erholung etc. Immer läuft es auf ein Vergleichen und dann auf ein Wollen hinaus. Druck und Belastungen, die sich aus dieser Haltung ergeben, provozieren ein breites Spektrum streßverursachter Probleme, die oft in Herzkrankheit oder Krebs münden.
Manchmal arbeitete ich mit Patienten, die allem Anschein nach vom Leben angeödet waren. Es gab für sie nicht viel zu tun in ihrem Leben, und ihr ganzes Interesse galt der Erwartung der nächsten Medikamentendosis. Manchmal stellte ich ihnen die Frage: »Warum machen Sie sich nicht auf die Socken und suchen sich eine Beschäftigung? Warum lernen Sie nicht etwas? Warum gehen Sie nicht los und lernen Französisch oder Korbflechten oder Klavierspielen? Tun Sie irgend etwas, um Ihre Zeit sinnvoll auszufüllen.« Sehr oft bekam ich zur Antwort: »Welchen Sinn hätte das? *Ich wäre sowieso nicht besonders gut darin.*« Allzuoft werden wir nur dann etwas

tun, wenn wir sicher sind, daß wir darin auch gut sind und wenn wir jemand anderen übertreffen können. Wir scheinen völlig vergessen zu haben, wie man etwas aus reinem Spaß an der Freud', um seiner selbst willen tut, und sicherlich liegt hier der Grund, warum so viele Menschen das Leben so ernst nehmen. Es gibt nichts auf der Welt, was verdienen würde, so übermäßig ernst genommen zu werden.

Das Gegenteil von Spiel ist übertriebene Ernsthaftigkeit. Was mir immer wieder auffällt, ist der Ernst der Menschen, selbst innerhalb der sogenannten Fitneß-Bewegung. Sogar die Aufgabe, seine Gesundheit zu erhalten, wird mit Ernst betrieben — mit ständigen Warnungen, was man essen darf und was nicht, was man tun darf und was nicht! Ernsthaftigkeit durchdringt unsere Einstellung gegenüber Religion, Erziehung, Familienangelegenheiten, Politik und dem Leben ganz allgemein. Wann hat zu Ihnen das letzte Mal jemand gesagt: »Sie müssen anfangen, die ganze Sache viel ernster zu nehmen.« Möglicherweise ist das die Ursache Ihrer Probleme. Ernst erzeugt Furcht und Spannung, Ernst sorgt für Urteil und Angst, und heute scheint es, daß wir sogar im Spiel ernsthaft bleiben müssen. Alles, was unangemessene Ernsthaftigkeit durchbricht und uns für das Spielen und das natürliche Kind öffnet, bringt Erholung und Selbstheilung.

Es gibt da einen wohlbekannten Bericht von einem Mann namens Norman Cousins, früher Herausgeber des *New York Saturday Review*. 1964 wurde bei ihm eine sehr ernste Krankheit diagnostiziert, die sein Körper-Bindegewebe befallen hatte. Er lag ihm Krankenhaus, und man teilte ihm mit, daß seine Überlebenschancen bei 1:500 lägen.

Er konnte sich kaum bewegen, litt unter großen Schmerzen und wartete eigentlich nur noch auf den Tod, als ihm zwei Dinge klar wurden. Erstens: die Schmerzmedikamente verschlimmerten seinen Zustand nur, und zweitens: das Krankenhaus war ein höchst deprimierender Ort. Gegen jeden ärztlichen Rat verließ er das Krankenhaus, ging in ein Hotel und begann, was er seine Lach-Therapie nannte. Nach der Lektüre mehrerer Grundlagenwerke der Streßforschung hatte er die Überzeugung gewonnen, daß Krankheit durch die Veränderung der Körperchemie als Resultat von Emotionen wie Wut und Angst gefördert werden kann. Er überlegte sich, ob ein Gegenmittel, bestehend aus Hoffnung, Liebe, Lachen und Lebenswillen, nicht zum Gegenteil führen könnte. Er begann, sich Filme der Marx Brothers, Folgen der »Versteckten-Kamera«-Serie und alles, was ihn zum Lachen brachte, anzuschauen. Er entdeckte, daß er beispielsweise nach einer Folge der »Versteckten Kamera« und herzhaftem Gelächter mehrere Stunden lang schmerzfrei schlafen konnte. Auch las er Humor-Literatur, erzählte sich selbst Witze und fuhr mit seiner Lachtherapie fort. Langsam gewann er die Kontrolle über seinen Körper zurück und konnte sich ohne übermäßige Schmerzen bewegen.

In der Folge schrieb er ein Buch über seine Erfahrungen, das er *Die Anatomie einer Krankheit* nannte. Kritiker behaupteten, daß er seine Genesung einem Placebo zu verdanken hatte. Aber ist das letztendlich von Bedeutung? Neuere Untersuchungen zeigen, daß Gedanken die Ausschüttung von Chemikalien in unseren Körper provozieren können. Unser Gehirn produziert Endorphine, Substanzen, die als die natürlichen Schmerzunterdrücker des Körpers agieren. Wir wissen, daß Lachen zu den Emotionen zählt, die eine Ausschüttung dieser Endorphine ins Blut bewirkt.

Untersuchungen aus jüngster Zeit ergaben, daß ein herzhaftes Gelächter wie ein Mini-Körpertraining wirkt und Herz-Lungen-Tätigkeit und Nervensystem auf Trab bringt. Dr. William Fry, Professor für klinische Psychiatrie an der Stanford University School of Medicine, sagt: »Neueste Untersuchungen deuten darauf hin, daß Lachen auch eine körperliche Befreiung sein kann — daß der Erhöhung von Herzschlag, Blutdruck und Muskeltonus durch Lachen oft ein Gefühl tieferer Entspannung folgt.«

Eine Neueinschätzung von Gefühlen, Bedürfnissen und Belastungen erlaubt es, sich zurückzuziehen und sich die heilsame Ruhepause zu gönnen, auf die uns Symptome aufmerksam machen wollen. Dr. Peter Nixon entdeckte, daß von einem Herzanfall genesende Patienten bereit sind, eine »Bestandsaufnahme« ihres Lebensstils vorzunehmen und ihn erfolgreich zu ändern, wo es nötig ist. Es sind die Menschen mit dem »Ikarus-Syndrom«, die Signale ihres Körpers und Geistes ignorieren und sich bis zur Erschöpfung und zum Herzanfall antreiben. Er faßt die grundlegenden Elemente der Pflege in dem Akronym Sabres* zusammen:

S = Schlaf (»Sleep«) — Wahrnehmung von erforderlicher Menge und Qualität.

A = Erregung (»Arousal«) — Wahrnehmung und Umwandlung von Zorn und Kampf, Verzweiflung und Niederlage.

* deutsch: Säbel.

B = Atmung (»Breathing«) — Wahrnehmung und Kontrolle statt Hyperventilation, Unregelmäßigkeit im Rhythmus und tiefem Seufzen.
R = Ruhen (»Rest«) — das Erlangen der Fähigkeit, zur Ruhe zu kommen.
E = Anstrengung (»Effort«) — das Erkennen und Respektieren der Grenzen gesunder körperlicher und geistiger Anstrengung.
S = Selbstwertgefühl (»Self-esteem«) — verbunden mit Selbstvertrauen und wiederhergestellt durch Unterstützung aus der nächsten Umgebung und den erfolgreichen Einsatz der übrigen grundlegenden Elemente der Krankenpflege.

Wenn Sie gewohnheitsmäßig kleinere Wehwehchen ignorieren oder unterdrücken, dann sind möglicherweise viele der Gedanken in diesem Kapitel für Sie völlig neue Vorstellungen. Denken Sie daran, daß eine außer Takt geratene Funktion sich zu einer körperlichen Krankheit entwickeln kann; sich um Streß und seine Beseitigung zu kümmern ist möglicherweise das eigentlich vorbeugende Handeln.
Es ist nicht krankhaft, unanständig oder egoistisch, sich in dieser Weise um sich selbst zu kümmern, sondern im Gegenteil völlig in Ordnung!

3.
Sie können sich selbst heilen

In meinem Zentrum in Bury St. Edwards behandle ich ein breites Spektrum von Problemen, die Mehrzahl meiner Patienten allerdings leidet an Krebs. Von meinen Patienten fordere ich aktive Mitarbeit an ihrer Genesung. Wie wir unseren Patienten in spe immer wieder sagen: Wenn Sie wollen, daß ich Ihnen helfe, müssen Sie auch bereit sein, sich selbst zu helfen. Kaum zu glauben, aber in kürzester Zeit eliminiert dieser Satz 40% der Patienten, die mit uns Kontakt aufnehmen! Viele, die uns schon nach kurzer Zeit wieder verlassen, sind ältere Menschen — vielleicht, weil sie schon relativ eingefahren sind in ihrer Sicht der Dinge und sich gegen Veränderungen wehren.
Etwa ein Drittel der Menschen, die dann doch den Weg in unser Zentrum finden, kommen zu einer oder zwei Behandlungen, dann sehe ich sie nie wieder. Ich glaube, daß es dafür mehrere Gründe gibt. So laborierten einige von ihnen an Problemen, die sehr rasch auf meine Heilkunst ansprachen. Das ist meist bei »mechanischen« Störungen der Fall, etwa bei Rückenproblemen oder rheumatischen Beschwerden. Einige konnten mich wohl nicht besonders leiden — und das ist auch ganz in Ordnung so. Ich bin überzeugt davon, daß ein gegenseitiges Verständnis, eine Art innerer Beziehung zwischen Heiler und Pa-

tient für einen erfolgreichen Heilprozeß nötig ist. Andere wiederum sind vielleicht nicht wirklich überzeugt, daß sie trotz unserer Anleitung irgend etwas tun können, um sich selbst zu helfen. Einige erhoffen sich eine sofortige Wunderheilung trotz allem, was ich ihnen vom ersten Augenblick des Kennenlernens an zu sagen habe. Vielleicht überrascht es Sie, aber fast immer sind es Frauen, die uns frühzeitig wieder verlassen.

Viele Frauen, die zum Zentrum kommen, arbeiten sehr hart, kümmern sich um ihren Mann, ziehen ihre Kinder groß und machen den Haushalt — eine Vollzeitbeschäftigung. Wenn ich Ihnen jedoch erkläre, daß sie fünfzehn oder zwanzig Minuten zwei- oder dreimal täglich für sich selbst abzweigen sollen, dann haben sie das Gefühl, daß dafür keine Zeit sei. Manche können den Gedanken nicht fassen, daß man zur eigenen Genesung bis zu einem gewissen Grad egoistisch sein muß. Viele Frauen in der Familie sind es nicht gewohnt, eigennützig zu denken, weil sie ständig nur geben. Tragisch ist, daß sie — besonders als lebensgefährlich Erkrankte — später für andere überhaupt keine Zeit mehr haben werden, wenn sie sich nicht Zeit für sich selbst nehmen. Adéla Pickering, eine Psychologin und Hypnotherapeutin, betonte, daß sich einige Frauen, die sich so verhalten, in einer Märtyrer-Rolle gefallen.

Im Gegensatz zum populären, von den Medien forcierten Mythos sind es nicht primär Frauen, die zu Heilern gehen! Unsere Aufzeichnungen beweisen, daß es häufiger die Männer sind, die auf lange Sicht durchhalten und die Behandlung durchziehen. Interessant ist vielleicht auch, daß das Durchschnittsalter unserer Patienten zwischen 35 und 40 Jahren liegt.

Einem Außenstehenden mag es erscheinen, als ob ich bei meinen Patienten überdurchschnittlich gute Erfolge erziele, aber man sollte dabei eben daran denken, daß ich hauptsächlich mit hochmotivierten Menschen arbeite, die bereit sind, sich selbst zu helfen. Zudem bin ich sehr enthusiastisch, was meine Arbeit betrifft, und es ist ein offenes Geheimnis, daß ein enthusiastischer Arzt bessere Resultate erzielt als ein Kollege, der wenig Freude an seiner Arbeit hat.

Wenn ein Patient zum ersten Mal ins Zentrum kommt, sind es meistens drei Faktoren, die gegen ihn arbeiten: Angst, Isolation und Depression. Genau an diesem Punkt setzen wir an.

Die meisten meiner Patienten kommen mit unterschiedlich starken Angstzuständen. Der Grad der Angst steht im allgemeinen in einem Verhältnis zur Prognose und/oder zur Lebenserwartung. Gewöhnlich richtet die Angst genausoviel, wenn nicht gar mehr Schaden an, als die Krankheit selbst. Patienten sagen mir manchmal beim ersten Besuch, daß sie sich fürchten vor dem, was auf sie zukommt. Furcht ist negative Erwartung. Furcht und Angst können eine tödliche Verbindung eingehen — im wahrsten Sinne des Wortes.

Bei jeder Situation, in der Alternativen zur Verfügung stehen, wird eine furchtsame Person immer das Schlimmste vorwegnehmen — die angsterregendste und negativste Alternative. Die Angst zu beseitigen oder zu verstehen hat die gleiche Wirkung, wie wenn man beim Autofahren den Fuß von der Bremse nimmt. Natürlicher Optimismus und positive Lebenseinstellung können dann in unserem Leben in stärkerem Maße zum Tragen kommen. In unserem Alltag ruht unser Handeln auf der *Wahr-*

...inlichkeit, daß bestimmte Ereignisse eintreten, mit dem gleichzeitigen Wissen um die entfernte *Möglichkeit*, daß es zu negativen Situationen kommen kann. Wir rechnen mit diesen negativen Möglichkeiten, aber wir lassen nicht zu, daß sie über unser Leben bestimmen. Wenn wir eine Straße hinuntergehen, sind wir uns der entfernten Möglichkeit bewußt, daß uns ein Dachziegel auf den Kopf fallen könnte, aber deshalb bleiben wir nicht zu Hause oder tragen ständig einen Sturzhelm. Die Wahrscheinlichkeit ist, daß alles gutgeht, und wir folgen dieser Überzeugung. Menschen mit tieferliegenden Ängsten schieben oft negative Möglichkeiten in die Kategorie der Wahrscheinlichkeit und handeln, als ob sie *tatsächlich* wahrscheinlich sind.

Angst ist eine Reaktion von zentraler Bedeutung, wenn man es mit Krankheit zu tun hat. Die Überwindung von Angst kann mit dem Vier-Punkte-Programm beginnen, das Carl und Stephanie Simonton bei der Krebsbehandlung anwenden.

1. Seien Sie sich *bewußt*, daß die Angst *existiert*.
2. Geben Sie der Angst *Ausdruck* und bemühen Sie sich um die *Unterstützung* durch andere.
3. Bemühen Sie sich um *Informationen*, die Ihnen *Verständnis* und *Beherrschung* der Angst ermöglichen.
4. Nachdem Sie sich mit Ihren Gefühlen *auseinandergesetzt* haben, *erlauben Sie sich selbst*, weiterzugehen und freuen Sie sich an Ihrem Leben, an Ihren Erfahrungen und Aktivitäten.

Diese Punkte fanden Widerhall in einem von Dr. Stephen Greer 1975 in *The Lancet* veröffentlichten Bericht. Über einen Zeitraum von fünf Jahren untersuchte Dr. Greer die innere Einstellung von 69 Frauen, bei denen Brustkrebs im Frühstadium diagnostiziert worden war. Die Gefühle der Patientinnen gegenüber ihrer Krankheit wurden drei Monate nach der Operation untersucht. Vier verschiedene charakteristische Reaktionen ließen sich beobachten. Da waren einmal die Patientinnen, die verneinten, ihre Brust sei wegen Krebs entfernt worden, und Dinge sagten wie: »Es war nichts Ernstes, sie haben meine Brust nur als Vorsichtsmaßnahme abgenommen.« Weder zeigten noch berichteten sie von emotionaler Belastung. Eine weitere Gruppe zeigte Kampfgeist, war optimistisch, interessiert an der Krankheit und plante, alles Mögliche zu unternehmen, um sie zu besiegen. »Ich kann kämpfen, und ich kann sie besiegen« war ein typischer Kommentar. Die Wahrscheinlichkeit, die Krankheit zu besiegen, war bei diesen beiden Gruppen von Frauen doppelt so hoch wie bei denen, die die Diagnose schlicht akzeptierten und ihr Leben weiterführten, als ob nichts geschehen wäre, oder die das Gefühl hatten, mit ihnen gehe es zu Ende, und dabei emotionell stark unter Druck standen.

1980 nahm ich an der Pilotstudie einer Schmerzkontroll-Klinik eines Krankenhauses teil. Die Ärzte interessierten sich dafür, welche Wirkung meine Fähigkeiten als Heiler, falls vorhanden, auf Patienten haben würde, die unter hartnäckigen Schmerzzuständen litten. Einer der Ärzte, der für diese Studie verantwortlich zeichnete, begann sich für die Beziehung Psyche—Körper zu interessieren, und zwar aufgrund eines Erlebnisses mit einer Patientin in mittleren Jahren, die zu einer Bauchoperation ins Krankenhaus gekommen war: Durchleuchtungen und Röntgenaufnahmen deuteten auf eine Krebsgeschwulst hin, aber die Ärzte waren sich über ihre Ausdehnung im unklaren. Vor der Operation hatte die Frau darum gebeten, über ihr Ergebnis genauestens unterrichtet zu werden, und die Ärzte waren einverstanden. Während des Eingriffs stellte sich heraus, daß der Krebs viel schlimmer war als angenommen. Er hatte schon auf Leber, eine Niere und Bauchraum übergegriffen. Aufgrund seiner langjährigen Erfahrungen war das Medizinerteam der Überzeugung, daß es für ihren Zustand nichts mehr zu tun gebe, mit Ausnahme von Schmerzmitteln, sooft sie nötig werden würden. Sie gaben ihr noch sechs Monate zu leben.

Gleich nach dem Erwachen aus der Narkose fragte sie ihren Arzt nach der Prognose. Obwohl er einverstanden gewesen war, die Karten auf den Tisch zu legen, wurde ihm klar, wie schwer es werden würde, weil sie sich vorher des Ernstes ihrer Lage nicht bewußt gewesen war. Er machte ihr deutlich, daß sie sehr, sehr krank sei, daß der Krebs viel weiter fortgeschritten sei, als ursprünglich angenommen, und daß man medizinisch nicht viel mehr tun könne, als ihr Schmerzmittel zu verabreichen. »Ich glaube, Sie haben noch zwei Jahre vor sich«, sagte er zu ihr. Seiner Meinung nach wäre es am besten für sie, jeden Tag voll und ganz zu leben, so als wenn es ihr letzter wäre. Die Patientin starb innerhalb von achtundvierzig Stunden — nach Meinung des Arztes starb sie nicht am Krebs, sondern an ihrer Angst. Das sei der Grund, so sagte er mir, warum die Ärzte ihren Patienten manchmal die ganze Wahrheit vorenthalten. Sie befinden sich in der wenig beneidenswerten Lage, abschätzen zu müssen, wie ein Patient auf solch traumatische Neuigkeiten reagieren wird. In der Folgezeit konnte ich bei vielen Gelegenheiten diese Erfahrung bestätigt sehen: Die Menschen kämpfen entweder mit Klauen und Zähnen, um die Krankheit zu besiegen, oder sie geben sehr rasch auf und sterben. Die Medien wollen uns oft glauben machen, daß es gegenwärtig eine Krebs-Epidemie gebe. Ich bin anderer Meinung. Ich habe das Gefühl, daß eine Epidemie der Angst vor Krebs herrscht, die nicht gerade gebremst wird vom kontinuierlichen Fluß an Berichten über die große Zahl von Menschen, die daran sterben. Nur allzuoft vernachlässigen wir die Tatsache, daß jährlich Tausende von Menschen den Krebs *besiegen*, mit Hilfe medizinischer Behandlung, ergänzender Therapien und der puren Entschlossenheit des einzelnen Patienten. Davon steht jedoch nur wenig in den Zeitungen. Und wenig hilfreich ist auch, daß sich noch bis vor kurzer Zeit die Werbung um Geldmittel und Spenden (nicht nur für Krebs, sondern auch für viele andere ernste und lebensbedrohende Krankheiten) in hohem Maße auf die Präsentation dunkel-düsterer Bilder stützte. Einige meiner Patienten meinen dazu, daß man mit Negativ-Statistiken höchstwahrscheinlich negative Reaktionen auf die Krankheit provoziert. Wenn beispielsweise eine Frau einen Knoten in ihrer Brust entdeckt und von ihrem Arzt erfährt, daß es sich um Krebs handelt, ist sie in einer emotionell vergleichsweise schwierigeren Situation, wenn sie Pamphlete mit der Überschrift »Krebs — die Killer-Krankheit« gelesen hat.

Der zweite Faktor, der sich zum Nachteil meiner Patienten auswirkt, ist ein starkes Gefühl der Isolation. Besonders bei Krebs handelt es sich um ein Tabu-Thema, und die Menschen haben Angst davor oder es ist ihnen peinlich, offen darüber zu sprechen. »Zum gegenwärtigen

Zeitpunkt ist Krebs tabu. Es fällt nicht schwer, zu verstehen, warum eine solch allumfassende Angst vor der Krankheit herrscht. Die Öffentlichkeit glaubt, daß sie stets tödlich ausgeht...« Diese Feststellung war in einem Bericht aus dem Jahre 1933 über *Strahlentherapie bei Frauenkrankheiten* enthalten, doch sie hätte genausogut heute geschrieben werden können. Krebspatienten merken bald, daß Menschen, die sie für Freunde gehalten haben, ihnen nun möglichst aus dem Wege gehen. Gerade jetzt, wo sie vielleicht jemanden brauchen, mit dem sie sprechen und dem sie ihre Gefühle mitteilen können, werden die Freunde plötzlich rar. Ich habe das Gefühl, daß wir besonders im Westen oft nicht wissen, wie man mit jemandem spricht, bei dem eine ernste und möglicherweise tödliche Krankheit diagnostiziert wurde. Leider reicht das erfahrungsgemäß bis in die Familienbeziehungen hinein, und auch die Familie vermeidet möglichst lange jede direkte Bezugnahme auf die Krankheit. Manchmal glauben sie, es sei besser, den Patienten von seiner Krankheit abzulenken. Die Folge ist, daß der Patient emotionell auf dem trockenen sitzt, daß er verzweifelt jemanden sucht, mit dem er sprechen kann, aber nur auf verlassene Stellungen trifft, die einst seine Freunde ausfüllten, oder auf Ablenkung durch familiäre Gesprächsthemen.

Besonders während der ersten Heilungssitzungen beginnt etwa ein Fünftel meiner Patienten zu weinen oder sich sehr aufzuregen. Anfangs machte ich den Fehler, zu glauben, daß ihr Kummer ein Zeichen von Schmerz sei; später jedoch merkte ich, daß Weinen viel öfter *Loslassen* von Schmerz bedeutet. Dr. William Frey, Forscher an der amerikanischen Stanford-Universität, entdeckte vor kurzem, daß unsere Tränen Streß-Hormone und andere mit Streß in Verbindung stehende Substanzen enthalten, wenn wir aus emotionellen Gründen weinen. Wenn ein ihnen nahestehender Mensch aufgrund der Lage, in der er sich gerade befindet, zu weinen beginnt, dann unterliegen wir im besten Stil des Westens der Versuchung, nach dem Papiertaschentuch zu greifen und ihm zu sagen, »er möge sich doch gefälligst zusammenreißen«. Nicht immer ist das jedoch das probate Mittel, denn es kann sehr leicht passieren, daß dabei nur die Gefühle verdrängt und Streßhormone, für die das Weinen als Sicherheitsventil dient, zurückgehalten werden. Nach meiner Erfahrung werden Menschen, die in einer solchen Krise ihre Gefühle offen ausdrücken können, viel eher wieder gesund als jene, die ihre wahren Gefühle gewohnheitsmäßig verbergen und niemals wirklich loslassen.

Depression ist der dritte Faktor, der sich meinen Patienten in den Weg stellt. Wir alle haben unsere Hochs und Tiefs — das Leben ist nun mal so. Nur sehr wenigen Menschen ist es gegeben, ohne gelegentliche Tage der Niedergeschlagenheit und des Trübsalblasens zu leben. Ich habe entdeckt, daß meine Patienten diesen Gefühlen manchmal einen zu hohen Stellenwert beimessen. Sie vergessen, daß sie auch schon vor ihrer Krankheit schlechte Tage hatten; jedes Problem scheint nun etwas mit ihrer Krankheit zu tun zu haben. Auch kann ich durchaus verstehen, daß sich Menschen depressiv fühlen, wenn bei ihnen selbst oder einem geliebten Menschen eine ernste Krankheit diagnostiziert wird, bei der kein Fluchtweg in Sicht scheint. Die meisten meiner Patienten schaffen es, der Depression zu entkommen,

wenn sie erst einmal entdeckt haben, daß es wirklich etwas gibt, was sie tun können, und daß sie nicht bloß hilflose Opfer sein müssen.
Es gibt einen sehr einfachen Grund dafür, warum ich von Anfang an die Angst, die Isolation und die Depression in Angriff nehme, und den möchte ich Ihnen erklären.
Unter Krebs versteht man eine ganze Gruppe von Krankheiten, die eines gemeinsam haben: Sie wachsen und breiten sich aus. Krebs nimmt nicht bei einer einzelnen Zelle, die plötzlich ihr Funktionsmuster ändert, seinen Anfang, sondern es kommt mehr oder weniger gleichzeitig zu einer größeren Zahl bösartiger Zellveränderungen, die rasch zunehmen und umgebendes Gewebe und Drüsen überfallen. Hat sich der maligne Tumor erst einmal lokal fest eingenistet, metastasiert er, d. h., es bilden sich auch Tumoren in anderen Körperbereichen.
Sir Macfarlane Burnet, der für seine Arbeiten zur Immunologie den Nobelpreis bekam, hat festgestellt, daß jeden Tag bis zu 100 000 Körperzellen zu Krebszellen entarten können, daß aber das Immunsystem des Durchschnittsmenschen in der Lage ist, diese Krebszellen erfolgreich zu zerstören.
Ich glaube deshalb, daß Krebs vieles gemeinsam hat mit Krankheiten wie Tuberkulose, Erkältung etc. Wir sind kontinuierlich schädlichen Einflüssen von innen und außen ausgesetzt, aber erst wenn wir anfällig für sie werden, kann sich die Krankheit manifestieren und breitmachen. Es liegt in der Hand des Patienten, gesund zu werden, und diese Überzeugung gründet sich auf viele Faktoren. Beweise hierfür liefern Biofeedback, verschiedene meditative Techniken und Erfahrungen mit Spontanheilungen. Der Patient besitzt ein enormes Potential zur Be-

einflussung seiner eigenen Lebenskräfte und jeder Art von Krankheit.
Wenn Sie Ängsten, Isolation und Depression Raum geben, dann ebnen Sie der Krankheit erfolgreich den Weg und schwächen die angeborene Fähigkeit des Körpers, sich zu wehren. Verschiedene Methoden haben sich meiner Erfahrung nach als nützlich erwiesen, um diesen Schwachpunkt auszumerzen.
Vor einigen Jahren bemerkte ich, daß meine Patienten frei heraus über ihre Probleme sprechen, wenn sie in meinem Wartezimmer sitzen. Häufig kam es vor, daß ein Patient, den ich vorher schon mehrere Male behandelt hatte, gerade auf seinen Termin wartete, optimistisch in die Zukunft sah, glücklich darüber war, daß er etwas für sich getan hatte und auch schon eine Besserung verspürte, als ein zweiter Patient des Wartezimmer betrat. Haltung und Aussehen ließen darauf schließen, daß es sein erster Besuch im Zentrum war, und beide begannen miteinander zu sprechen. Der erste Patient fragte ihn nach dem Grund für seinen Besuch bei mir. Beide entdeckten, daß sie fast das gleiche Problem hatten und daß sie im selben Boot sitzen. Gewöhnlich ist dies die allererste Gelegenheit für einen Patienten, der zum ersten Mal zu mir kommt, um mit jemandem zu reden, der sich in der gleichen Situation befindet. Oft bekommen wir zu hören: »Sie können sich gar nicht vorstellen, welche Erleichterung es bedeutet, überhaupt mit jemandem sprechen zu können.«
Ich glaube, daß dies eines der Gebiete ist, auf dem die Ärzteschaft heute fehlgeht, jedoch ohne so recht dafür verantwortlich zu sein: Sie ist mit Patienten überlastet, die wegen kleinerer Beschwerden zur Behandlung kom-

men und dem Arzt die Zeit wegnehmen, die er seinen mit ernsteren Problemen beladenen Patienten widmen könnte. Ein Arzt, der beim Nationalen Gesundheitsdienst Englands arbeitete, sein Einkommen aber mit Privatpatienten aufbesserte, sagte mir einmal, daß er bei seinen Privatpatienten bessere Resultate erziele als bei den Kassenpatienten, obwohl die medizinische Behandlung bei beiden Gruppen dieselbe sei. Seiner Meinung nach war der Unterschied direkt der Tatsache zuzuschreiben, daß er seinen Privatpatienten mehr Zeit widmen konnte. Ob alle Ärzte mit ihm übereinstimmen, weiß ich nicht.
Jedenfalls begann ich, regelmäßige, zwanglose Begegnungen zu organisieren, bei denen Patienten miteinander über ihre Krankheit, ihre Hoffnungen und Ängste oder irgendwelche anderen, für sie wichtigen Dinge sprechen können. Selbst wenn ein Patient, so fand ich rasch heraus, mich nicht ganz beim Wort nehmen konnte, was die Notwendigkeit zur Selbsthilfe betraf, änderte er schnell seine Meinung, wenn er jemandem begegnete, der tatsächlich davon profitiert hatte. An diesem Punkt begriff ich einen wichtigen Faktor.
Manchmal erhalten wir den Brief eines Ehemanns, der im Interesse seiner kranken Frau schreibt und uns mitteilt, daß er bereit sei, alles zu versuchen, seine Frau an jeden Ort zu bringen, daß er in vernünftigem Rahmen keine Kosten scheue etc. Was der Ehemann jedoch in seinem Brief schreibt und was er dann in der Praxis tut, sind oft zwei völlig verschiedene Paar Stiefel. Natürlich bringt er seine Frau zum Zentrum, aber er selbst kommt nicht mit hinein. Statt dessen bleibt er auf dem Parkplatz und liest die Zeitung oder genehmigt sich einen Drink in der örtlichen Hotelbar. Wenn seine Frau einige Zeit später zu-

rückkehrt, ist sie vielleicht mental und emotional nicht mehr derselbe Mensch, den er abgesetzt hat. Sie hat jetzt mehr Selbstvertrauen und ist bereit zu kämpfen. Man kann sich die Konversation während der Heimfahrt vorstellen. Z. B. wird der Ehemann seiner Frau erzählen, daß Frau Schmidt die gleiche Krankheit hatte... Die Frau erinnert sich an Frau Schmidt, die vor drei Jahren auch einen bösartigen Brustkrebs hatte. Sie hatte sich daraufhin einer erfolgreichen Mastektomie unterzogen, und es ging ihr achtzehn Monate lang gut, bis sich Sekundärtumoren bildeten. Sie verfiel zusehends und starb vor fünf Monaten. Der Ehemann hat somit einen sehr wirksamen Untergrabungsprozeß begonnen, indem er seine Frau daran erinnerte, daß es bei jemand anderem schlimmer geworden ist.

Meine Erfahrung sagt mir, daß sich der Partner sehr häufig so verhält, weil er der Realität der Situation nicht ins Auge schauen will. Indem er sie ignoriert, wiegt er sich im Glauben, daß sie in Wirklichkeit nicht existiert. Das ist eine weitere Manifestation von Angst. Wenn wir versuchen, Denken und Fühlen eines Patienten zu ändern, dann müssen wir uns auch mit den Denkweisen seiner Freunde und Verwandten auseinandersetzen. Stephanie Simonton stellt in ihrem Buch *The Healing Family* fest:

> Wut und Depression tendieren dazu, sich aufzulösen, wenn wir sie voll und ganz empfinden und ausdrücken. Vielen wird das Lernen, wie man Gefühle äußert, risikoreich und angsterregend erscheinen. Angst ist das gemeinsame Gefühl, dem sich Menschen mit Krebs gegenübersehen und das sie sehr wahrscheinlich unterdrücken werden.

Manche geben ihre Angst sich selbst gegenüber zu, verbergen sie aber vor ihren Familienmitgliedern, um sie nicht zu belasten. Oft hat das zur Folge, daß sich der Patient isoliert und alleingelassen fühlt. Der Ehegatte tut oft genau das gleiche.

Aus diesem Grund empfehlen wir heute, daß der Patient sich zumindest beim ersten Besuch von seinem Ehepartner, einem Familienmitglied oder einem engen Freund begleiten läßt, der ihm bei seiner Genesung helfen und ihn unterstützen wird. Ich habe die Beobachtung gemacht, daß Ehemänner und manchmal auch Ehefrauen oft angenehm überrascht sind, wenn sie merken, was ich tue, und dann erkennen, daß alles fest auf gesundem Menschenverstand basiert. Zweifellos hat der Patient viel größere Chancen auf Besserung, wenn er in der Familie liebe- und verständnisvollen Rückhalt findet.
Mit dieser Arbeitsmethode gewinne ich manchmal nützliche Einsichten in die Ursachen der Krankheit. Ich erinnere mich an eine Dame, die, wie sie uns sagte, von ihrem Ehemann geschickt worden war. Sie hatte einen bösartigen Brusttumor, und ihr Mann erklärte sich bereit, ihr in jeder Weise zu helfen. Während unserer ersten Konsultation wurde mir klar, daß sie sehr pessimistisch war in bezug auf ihre Zukunft, und von unserer Sitzung eigentlich eine Wunderheilung erwartete. Ich erklärte ihr realistisch und aufrichtig, was sie nach meinem Gefühl erwarten durfte, und es gelang mir, sie zusammen mit ihrem Ehemann zur Teilnahme an unserer Diskussionsrunde am selben Nachmittag zu überreden. Ich setzte sie im Raum auf die ihrem Mann gegenüberliegende Seite. Im

Bewußtsein ihrer Negativität sorgte ich dafür, daß sie zwischen meinen positivsten Patienten saß, und diese zog ich vorher ins Vertrauen. Sie nahmen sich deshalb viel Zeit, um mit ihr ins Gespräch zu kommen und sie zu ermutigen, gegen ihre Krankheit anzukämpfen. Sie erzählten ihr von dem Gewinn, den sie aus einer speziellen Diät mit rohen Früchten und Gemüsen gezogen hatten, und berichteten von einer Klinik, wo sie mehr Informationen darüber erhalten könne. Ihr Gesicht hellte sich auf, und zum ersten Mal sah ich sie lächeln. In diesem Augenblick verkündete ihr Mann von der anderen Seite des Zimmers, daß sie, wenn sie dorthin gehen wolle, allein fahren und den Bus nehmen müsse, weil ihm diese Klinik zu weit entfernt sei. Ich war sprachlos. Als ich später seinen Brief noch einmal las, fiel mir auf, daß er geschrieben hatte, er sei bereit, sein Frau ohne Rücksicht auf die Entfernung überall hinzufahren. Das Gespräch ging weiter, und ein anderer Patient wies darauf hin, daß es viel leichter sei, eine solch strikte Diät einzuhalten, wenn der jeweilige Partner auch mitmachen würde. Das brachte beim Ehemann das Faß zum Überlaufen, und er sagte vor allen anderen zu seiner Frau, daß er seine Haferflocken zum Frühstück liebe: »*Du* kannst mit dieser Diät anfangen, aber auf mich brauchst du nicht zu zählen.« Wir sahen beide niemals wieder.

Wenn ein Familienmitglied schwer erkrankt, braucht jedes andere Mitglied der Familie Zeit, um in sich zu gehen und abschätzen zu können, welche Folgen das nicht nur für den Erkrankten, sondern für die ganze Familie hat. Als einzelner wie auch als Familienmitglied braucht man Zeit, um die Ängste durchzuarbeiten und Pläne zu entwerfen, wie mit der Krankheit umzugehen sei. Die ganze

Familie formiert sich zu einem Team, um dem Patienten und sich gegenseitig zu helfen.

Die Simontons empfehlen in ihrem Krebsberatungs- und -forschungszentrum in Dallas, Texas, daß die Familienmitglieder (besonders auch der Ehemann) Imaginations- und Entspannungstechniken erlernen, um diese Techniken zu verstehen und um selbst Streß und Spannung abzubauen. Viele entdecken, daß sich ihre anfänglich skeptische Reaktion verliert, wenn sie diese Techniken gemeinsam mit dem Patienten üben.

Enge Freunde sind sehr wichtig, um zusätzlich emotionellen Rückhalt und Trost außerhalb des Familienkreises zu spenden. Das gilt nicht nur für den Erkrankten, sondern auch für die Familienmitglieder: Sie brauchen Zeit für das Zusammensein mit anderen Menschen, bei denen sie sich entspannen können, bei denen sie das Gefühl haben, ihre *eigenen* Gedanken und Sorgen unbefangen äußern zu dürfen. Es besteht eine echte Notwendigkeit, daß alle Familienmitglieder ihren eigenen Interessen und Freizeitbeschäftigungen nachgehen können; denn echte Wünsche und Bedürfnisse zu opfern wird später nur zu Groll gegenüber dem Patienten führen.

Ein Arzt sagte mir einmal, daß weder ich noch er irgend jemandem zur Heilung verhelfen können. Alles, was wir tun könnten, bestünde darin, mitzuhelfen, den Körper des Patienten in einen optimalen Zustand zu bringen, um sich selbst zu heilen. Ich weiß, daß jene Menschen, die am meisten von meiner Heilkunst profitieren, auch am aktivsten mitarbeiten, und zwar mit Hilfe von Techniken zur Entspannung und Visualisation. Sie lernen, dem Leben gegenüber eine positive Einstellung zu entwickeln. Jedes Heilen kommt letztendlich aus Ihnen selbst. Ihre

Selbstheilungskräfte existieren schon, sie ruhen in Ihnen und warten darauf, aktiviert zu werden.

Viele Menschen überrascht es zu hören, daß sie *tatsächlich* über die Art und Weise, wie sie denken, bestimmen können. Wir wachsen auf mit der Vorstellung, Pillen und Spritzen könnten körperliche Krankheiten von außen heilen. Daher sollte es, so glauben wir, auch etwas geben, das gefühlsbedingte Krankheiten auf genauso einfache Weise heilen kann. Auch werden wir in dem Gefühl erzogen, das Opfer aller Gedanken und Gefühle zu sein, die uns zufällig in den Kopf kommen. Noch schlimmer wird die Situation, wenn das, was wir denken oder fühlen, für andere Menschen unannehmbar ist. Diese sagen uns dann, daß wir nicht so fühlen dürfen, daß wir uns zusammenreißen sollen. Das hat nichts mit positivem Denken zu tun. Sehr oft kann sich ein Patient nicht so einfach aus seiner Negativität befreien. Während er noch versucht, unangenehme Gedanken beiseite zu schieben, verdrängt er diese Gedanken mit dem Ergebnis, daß sie zu einem späteren Zeitpunkt wieder auftauchen und das Gefühl der Hilflosigkeit weiter verstärken.

Viele meiner Patienten haben ein schwaches Selbstbild. Sie machen sich selbst ständig nieder; sie denken immer nur das Schlechteste von sich selbst; jedes Kompliment, das man ihnen macht, wird augenblicklich zurückgewiesen. Kurz: Sie sind sich selbst ihr größter Feind.

Wie können Sie also positiv denken, und wie funktioniert es? Zuallererst müssen Sie sich klarmachen, daß Ihr Gehirn und die Gedanken, die es produziert, nicht Ihr vollständiges Selbst sind. Das Gehirn kann man durchaus als einen ausgezeichneten Computer ansehen, in den von Geburt an die verschiedensten Informationen einprogrammiert worden sind — von Eltern, Lehrern, von Gesellschaft, Werbung und Medien. Weil es *Ihr* Gehirn in *Ihrem* Kopf ist, erscheint es als *Sie selbst*, und was es denkt, empfinden Sie als wahr und real. Wenn Ihnen Ihr Computer-Gehirn mitteilt, daß Sie ein minderwertiges Subjekt sind, werden Sie ihm vermutlich zustimmen, und so negative Informationen, die vielleicht mit Ihrer gegebenen Situation überhaupt nichts gemein haben, weiter verstärken.

Sie selbst sind kein Computer oder eine Sammlung konditionierter Reflexe. Sie sind ein menschliches Wesen, dem man einen Computer gegeben hat, der Ihnen dienstbar sein und nicht Aufsicht über Sie führen soll. Wenn Sie zu erkennen beginnen, was wirklich geschieht, können Sie damit anfangen, das Computerprogramm umzuschreiben. Sie können sich jetzt, in diesem Augenblick, dafür entscheiden, das nächste Mal, wenn Sie negativ von sich selbst denken, diesen Gedanken durch etwas Positives zu ersetzen. Das klingt vielleicht zu simpel, aber es funktioniert wirklich. Jedesmal, wenn Sie sich für einen positiven Gedanken entscheiden, erziehen Sie Ihr Computer-Gehirn um.

Es liegen jedoch Welten zwischen positivem Denken einerseits und Selbsttäuschung andererseits. Positives Denken bedeutet nicht, daß Sie versuchen, sich selbst im Glauben zu lassen, alles sei in Ordnung, wenn es das nicht ist. Ein fiktives Beispiel: Ein Patientin kommt wegen eines Brustkrebses zu mir. Während unseres Gesprächs finde ich heraus, daß die betreffende junge Frau unglücklich ist, weil sie keinen Freund hat und noch nicht verheiratet ist. Es ist gut möglich, daß sie von ihrer Mutter oder von den Medien darauf programmiert worden ist, daß

Frauen nur etwas wert sind, wenn es einen Mann in ihrem Leben gibt. Und solange sie das glaubt, wird sie sich weiterhin minderwertig und depressiv fühlen. Wenn sie begreifen kann, daß ihre Überzeugung nur eine alte Platte ist, die einen Sprung bekommen hat, kann sie sich umpolen. An diesem Punkt muß man realistisch denken. Es hilft nichts, wenn sie sich nun einzureden versucht: »Nächste Woche werde ich den Mann meiner Träume finden.« Denn dann wird sie höchstwahrscheinlich enttäuscht werden. Der positive Gedanke in dieser Situation wäre: »Ich bin etwas wert, ob ich allein bin oder nicht.« Die Wirkung dieses Gedankens ist mehrfach: Wie bei jeder positiven Affirmation wird der Teufelskreis negativen Denkens, in dem man befangen ist, durchbrochen. Die angstbedingte Produktion von schädlichen Streßhormonen wird gestoppt, und je mehr die Patientin diesen Gedanken hegt, desto mehr wird sie sich wie ein wertvoller Mensch *fühlen*. Dann kann durchaus etwas passieren, was oft geschieht, wenn Menschen diesen Wandel in ihrem Denken durchmachen. Nachdem sie gelernt hat, sich selbst zu schätzen und ihre Angst loszuwerden, bildet sich der Tumor nach und nach zurück, und der richtige Partner mag durchaus in ihr Leben treten.

Häufig muß ich auch feststellen, daß die Gedanken meiner Patienten mehr wie ein Strom ständiger Selbstkritik sind, dessen sie sich vielleicht gar nicht voll bewußt sind. Versuchen Sie, auf das zu lauschen, was Sie sich selbst erzählen, denn wenn Sie erst hören können, was Sie sagen, können Sie damit anfangen, zu widersprechen. Es gibt da eine verblüffend einfache Übung, die rasch negative Einstellungen in positive verwandeln kann. Machen Sie zwei Listen von Meinungen, die Sie von sich selbst pflegen: eine mit den negativen, eine mit den positiven Überzeugungen. Wenn meine Patienten diese einfache Übung machen, entdecken sie oft, daß die Positiv-Liste nur drei oder vier Punkte enthält, die negative dagegen Seite um Seite füllt! Schauen Sie die negativen Punkte einmal objektiv an, und stellen Sie sich selbst die Frage, ob sie wirklich auf Tatsachen beruhen. Vielleicht erscheint es Ihnen nur so — einfach deshalb, weil Sie dem Tonbandgedudel in Ihrem Kopf zu lange zugehört haben. Ich erinnere mich da an einen jungen Mann, der mir seine Listen zeigte. Eine seiner negativen Überzeugungen war, daß er »nur schwer Freunde gewinnen könne«. Ich strich den Satz durch, änderte ein paar Worte und fügte ihn der positiven Liste hinzu: »Ich habe die Absicht, mehr Freunde zu gewinnen«, schrieb ich für ihn. Die Situation mag im Augenblick noch die gleiche sein, aber wenigstens gibt er sich nun eine völlig andere Botschaft, statt nach seiner alten Überzeugung zu handeln, als ob sie ein Befehl sei.

Wenn Sie die gesamte Negativ-Liste durchgegangen sind und alle Punkte, wo es Ihnen möglich erscheint, in eine positive *Absicht* umformuliert haben, dann zerreißen Sie die Liste oder werfen sie weg. Sie haben Ihrer Selbstkritik lange genug zugehört. Machen Sie von der neuen Liste mit den positiven Überzeugungen mehrere Kopien, und hängen Sie sie überall in Ihrer Wohnung auf, damit sie in jedem Zimmer sichtbar ist und Sie Ihre Absichten dadurch bekräftigen können.

Von Cherry Boone O'Neill gibt es ein äußerst nützliches Buch mit dem Titel *Starving for Attention**. Die Autorin,

---

* Hungern nach Aufmerksamkeit.

eine junge Frau, Tochter des berühmten amerikanischen Sängers Pat Boone, berichtet darüber, wie sie ihre Magersucht mit Hilfe von Selbstheilungstechniken besiegt hat. Sie hatte sich, so erzählt sie, nicht nur geweigert, sich ausreichend zu ernähren, sondern auch noch Überdosen von Abführmitteln geschluckt, um abzunehmen. Nach mehreren massiven Überdosierungen wurde sie dem Tode nahe ins Krankenhaus eingeliefert. Man behielt sie im Krankenhaus, um sie zu ermutigen, genug zu essen und nicht später alles wieder zu erbrechen. Nach einigen Wochen im Krankenhaus hatte sie jedoch kaum an Gewicht zugenommen, obwohl sie unter den wachsamen Augen des Krankenhauspersonals ihre Mahlzeiten zu sich nahm; sie bat einfach regelmäßig darum, auf die Toilette gehen zu dürfen, wo sie nicht überwacht wurde. Dort steckte sie sich den Finger in den Mund und gab alles wieder von sich. An dieser Stelle in ihrem Buch hebt sie einen wichtigen Punkt hervor: Die behandelnden Ärzte hatten ihr niemals die Frage gestellt, warum sie sich überhaupt so verhielt. Sie behandelten das Symptom, aber nicht die Wurzel des Problems. Ihr Leben wurde schließlich dank der Intervention des Psychologen Ronald Vath gerettet.

Vaths erste Frage war, warum sie sich selbst aushungerte. Mit Hilfe seiner Beratung wurde es sehr bald offenkundig, daß zwei fundamentale Ursachen eine Rolle spielten. Erstens hatte sie ihr ganzes Leben lang im Schatten ihres berühmten Vaters gelebt und ein schwaches Selbstbild entwickelt. Sie war niemals Cherry Boone gewesen, so erklärte sie. Man kannte sie nur als »Pat Boones Tochter«. Es war ihr immer so vorgekommen, als ob jedermanns Aufmerksamkeit, Zeit und Liebe ihrem Vater gegolten habe, während ihre eigenen emotionalen Bedürfnisse niemals befriedigt worden seien. Sie fing an, sich buchstäblich, jedoch unbewußt auszuhungern, um Aufmerksamkeit auf sich zu ziehen. Zweitens war sie schon von Kindesbeinen an dazu angehalten worden, in ihres Vaters Fußstapfen zu treten, und war in seine Fernsehshows gedrängt worden. Ihre Eltern wünschten sich, daß sie singt und tanzt, und einige Zeit war sie auch ganz glücklich damit. Im Teenager-Alter wurde sie auf das Image »weiblicher Vollkommenheit« aufmerksam, wie es die Werbung in den Hochglanz-Frauenzeitschriften präsentierte. Sie verglich sich mit diesen Vorbildern, gewann die Überzeugung, daß sie zu dick sei, und begann mit Gymnastik und Diätkuren. Dabei verlor sie die Kontrolle über sich und entwickelte Anorexia nervosa.

Als eines der Werkzeuge zur Selbstheilung verwendete Ronald Vath bei Cherry Boone die Technik der Positiv/Negativ-Überzeugungen. Sie erzählt, daß ihr gar nicht bewußt war, welch schwaches Selbstbild sie von sich entwickelt hatte. Fast alle Meinungen, die sie von sich selbst hatte, waren negativ. Sie brachte mehrere Tage damit zu, ihre negativen Überzeugungen in positive zu verwandeln und klebte sie überall in ihrer Wohnung an die Wand. Ihr Mann bestärkte sie auch noch, indem er ihr stündlich mehrere Tage lang positive Dinge über sie sagte. Sie erholte sich und schrieb später ein Buch (s. S. 102) über ihre Erfahrungen.

Anfangs mag so etwas nicht leicht sein, und vielleicht glauben Sie auch die positiven Dinge nicht, die Sie sich selbst sagen. Machen Sie sich darüber keine Sorgen. Es kann einige Zeit dauern, Ihr Gehirn neu zu programmieren. Betrachten Sie es als Übung, als neue Fähigkeit, die es zu erlernen gilt, oder gar als Spiel. Erwarten Sie nicht, die ganze Zeit über damit Erfolg zu haben, sonst werden Sie nur einen weiteren Grund für Selbstkritik finden, wenn es Ihnen nicht gleich gelingt. Aber wenn Sie jede Stunde etwa fünf Minuten darauf verwenden, um positive Gedanken zu denken, dann werden Sie einen großen Schritt getan haben in Richtung Wandel ihres gesamten Denkmusters.

Wenn Sie zu erkennen anfangen, daß Sie Ihre Gedanken *tatsächlich* ändern können, dann werden Sie vielleicht auch merken, daß eine ganze Reihe von Dingen, die Ihrer Gesundheit geschadet haben, in einem völlig neuen Licht gesehen werden können. Tatsachen sind Tatsachen, aber Sie haben die Wahl, wie Sie sie interpretieren wollen. Wenn Sie das erst einmal begreifen können, dann öffnet sich vor Ihren Augen eine völlig neue, freiere Welt. Gelegentlich kann es vorkommen, daß bei einem meiner Patienten die Krankheitsursache nicht so klar auszumachen ist. Vielmehr existiert ein diffuses Gefühl, daß irgend etwas im eigenen Leben nicht stimmt. Vielleicht ist es nicht so verlaufen, wie man sich das in jungen Jahren vorgestellt hat. Oder junge Patienten erleben ihre Situation nicht so, wie sie in ihrer Vorstellung sein *sollte:* voll Freude, Liebe, Erfolg und Reiz. Da hilft es kaum weiter, daß uns die Medien, Filme, Fernsehen und besonders die Werbung häufig eine Art idealisiertes Leben präsentieren, dessen wir uns eigentlich erfreuen sollten. Wirft man einen Blick auf die Realität, wird man erkennen, daß nur sehr wenige Menschen ein »ideales« Leben führen. Die glücklichsten Menschen jedoch sind vielleicht gerade diejenigen, die begriffen haben, daß das Leben nicht immer vollkommen ist, daß sie für ihr eigenes Glück verantwortlich sind, und es nicht gleich persönlich nehmen, wenn die Dinge einmal nicht so optimal laufen.

Ein sicherer Weg zur Depression läßt uns das Leben, wie es wirklich ist, ständig vergleichen mit dem Leben, wie es sein sollte. Zusätzlich geben wir uns selbst oder anderen die Schuld dafür, daß die Dinge nicht diesem Ideal entsprechen. Einige der Menschen, die in unser Zentrum kommen, verteilen nur zu gerne Schuld. »Das wäre nie passiert, wenn meine Tochter nicht diesen abscheulichen jungen Mann geheiratet hätte...« Schuldzuweisungen sind niemals von Nutzen und lösen keine Probleme. Am besten verzichtet man auf sie. Betrachten Sie sich die Situation und überlegen Sie, ob man sie nicht auch anders sehen könnte. Vielleicht braucht der Ehemann oder die Ehefrau, von denen Sie sich vernachlässigt fühlen, gleichermaßen *Ihre* Liebe und Aufmerksamkeit. Vielleicht sind Sie überzeugt, ein Versager zu sein, weil Sie eine Prüfung nicht bestanden haben oder nicht befördert wurden. Versuchen Sie, sich selbst eine andere »Botschaft« zu geben. Diese Prüfung oder Nichtbeförderung war eine Erfahrung, aus der Sie etwas lernen können. Statt als Dampfwalze, die Ihr Ego plattgedrückt hat, können Sie dieses Versagen als Sprungbrett betrachten, von dem Sie sich abstoßen können.

Nach meiner Erfahrung gibt es viele höchst empfindsame Menschen, besonders Jugendliche, denen es die Lage, in der sich die Welt heute befindet, nicht leichtmacht, eine positive Einstellung zum Leben zu entwickeln. Sie fragen: »Wie können wir positiv denken, wenn die Menschen in Äthiopien verhungern, wenn Menschen einander töten, wenn die Erde verseucht wird und wir alle im drohenden Schatten der Bombe leben?« Sie haben das Gefühl, daß sie der Zukunft nicht hoffnungsvoll entgegensehen können, weil es für sie vielleicht gar keine Zukunft mehr *gibt*.

Ich bin überzeugt, daß jeder seinen Beitrag zur Zukunft der Erde beitragen kann. Wir sind nicht getrennt vom Rest der Welt, wir sind ein Teil von ihr. Wir sind die Bäume, die den Wald bilden, und die Gesundheit des Waldes ist von der Gesundheit jedes einzelnen Baumes abhängig. Wir können zum Frieden in der Welt beitragen, wenn wir lernen, Frieden in uns selbst zu erfahren. Damit meine ich nicht, daß wir unsere Augen schließen und in die Meditation flüchten sollen: Ein Mensch, der gesund, glücklich und bei klarem Verstand ist, hat viel mehr zum Frieden in der Welt beizutragen, als jemand, der in negativem Denken festgefahren ist. Wenn jeder von uns mehr Liebe in sich selbst und in der Umwelt schafft, dann kann die Liebe in der Welt all den Haß, die Gier und die Selbstsucht aufwiegen, die die Gesundheit so vieler Menschen gefährdet. Damit das geschehen kann, müssen wir bei uns selbst den Anfang machen.

Sigmund Freud sagte: »Letzten Endes müssen wir lieben, um nicht krank zu werden.« Ich bin überzeugt, daß hier die Wurzel vieler Krankheiten verborgen liegt. Was Freud uns vor langen Jahren zu sagen hatte, kann heute wissenschaftlich nachgewiesen werden. Forscher zu beiden Seiten des Atlantiks entdecken, daß Verliebtsein vielleicht das beste Gegenmittel gegen Erkältungen ist. Dr. David McCleland von der Universität Boston untersuchte einhundert Menschen im Alter von sechzehn bis sechzig, um den Beweis zu führen. Er sagt: »Die Beschäftigung mit der positiven Erfahrung der Liebe oder des Geliebtwerdens erhöht offensichtlich den Immunglobulinspie-

gel im Blut.« Viele Wissenschaftler sind der Meinung, daß diese Körpersubstanz unsere erste Verteidigunglinie gegen Lungeninfektionen ist. Dr. McCleland fand heraus, daß sich dieser Stoff bei den meisten Zuschauern eines Films über Mutter Teresa beträchtlich vermehrt hatte. Blutproben ergaben zudem eine gesteigerte Produktion von T-Zellen, die Viren unschädlich machen können.
Virologen der Ohio State University entdeckten, daß glücklich verheiratete Frauen ein wirksameres Immunsystem besaßen als Frauen, deren Ehe »eingeschlafen« war. Frauen, die schon länger als ein Jahr von ihren Männer getrennt lebten, besaßen geringere Abwehrkräfte als glücklich verheiratete Frauen.
Überall suchen die Menschen nach Liebe. Sie fühlen sich traurig und zurückgewiesen, wenn sie sie nicht bekommen. Das Schlimme dabei ist, daß die Menschen nach einer Liebe suchen, die von außen zu ihnen kommt. Wenn Sie sich als Kind geliebt fühlten, werden Sie wahrscheinlich kaum Probleme damit haben, Gefühlen Ausdruck zu verleihen. Wenn man sich jedoch ungeliebt fühlte, dann wird man sich höchstwahrscheinlich bedroht und ängstlich fühlen beim Ausdruck seiner innersten Empfindungen. Man behält sie für sich, um sich zu schützen. Wenn Sie darüber hinaus spüren, daß ein Elternteil Sie nicht liebt, werden Sie sich selbst die Schuld dafür geben und sich selbst als nicht liebenswert einstufen. Um einen Ausgleich für diesen Mangel an Liebe zu schaffen, versuchen Sie um die Liebe Ihrer Eltern oder Gleichaltriger zu werben, indem Sie ihnen gefallen wollen — eine Strategie, die dann auf alle anderen Beziehungen übertragen wird. Das ist der Grund, warum Krebspatienten häufig »zu gut sind, um wahr zu sein«. Ihr anpassungs- und hilfsberei-

tes Benehmen will sagen: »Bitte liebt und akzeptiert mich.« Doch Ihre Fähigkeit zu lieben kann nur von innen kommen: Die beste Methode, mehr Liebe in unser Leben zu tragen, besteht im *Liebe geben. Und der beste Ausgangspunkt dafür ist, zu lernen, uns selbst zu lieben.*
Es gibt eine traditionelle buddhistische Meditationstechnik, die oft »Liebende Freundlichkeit, Liebende Bewußtheit« genannt wird. Ich verwende sie manchmal bei meinen Seminaren. Diese Übung zielt darauf ab, bestimmte Aspekte der Liebe zu erfahren: Sich selbst, seine Freunde und Feinde gleichermaßen zu lieben, und so eine weltumspannende Einheit zu schaffen. Es ist eine einfache Übung, die Sie auch allein durchführen können. Suchen Sie sich eine bequeme Position und schließen Sie langsam Ihre Augen:

1. Konzentrieren Sie sich und erfahren Sie, wie es ist, sich selbst zu lieben. Betrachten Sie sich selbst und denken Sie »Liebe« und was sie Ihnen in Ihrem Leben bedeutet. Achten Sie auf alle mit Liebe assoziierten Gefühle, Eindrücke, Bilder und vielleicht auch Farben.
2. Konzentrieren Sie sich nun auf die Liebe zu jemandem, mit dem Sie ohnehin schon ein enges Band verbindet. Wie sieht die Liebe in diesem Fall aus? Achten Sie auch jetzt auf irgendwelche auftauchenden Gedanken und Gefühle.
3. Nehmen Sie nun als Objekt Ihrer Liebe eine »neutrale« Person, jemanden, mit dem Sie kein besonders starkes Gefühl verbindet — jemand, der Ihnen gleichgültig ist. Behalten Sie auch hier assoziierte Gefühle und Gedanken im Auge.
4. Konzentrieren Sie sich nun auf eine Person, die Sie

nicht leiden können oder die Sie vielleicht sogar hassen: Jemand, der sehr negative Gefühle in Ihnen weckt. Richten Sie Ihre Liebe auf ihn.
5. Versammeln Sie nun alle diese Menschen vor Ihrem geistigen Auge und richten Sie die *gleichen* Liebesgefühle auf alle.
6. Dehnen Sie Ihre Liebe nun aus zu Menschen im gleichen Raum, auf die Straße, die Stadt, das Land, die ganze Welt — bis die ganze Erde von Liebe umkreist und eingehüllt wird.

Viele meiner Patienten hatten in ihrer Jugend mit Problemen zu kämpfen: Tod eines Elternteils, Scheidung, Mangel an Liebe oder zuviel Kritik durch ein Elternteil oder beide. Einige Menschen verbringen ihr Leben mit der ständigen Suche nach der Liebe, die sie als Kind nicht bekommen haben. Manchmal schleppen sie auch eine schwere Last von Haß und Groll mit sich herum, gegen ihre Eltern oder gegen die Menschen, die sie verletzt haben. Diese Gefühle sind es, die sich so oft nach innen gerichtet haben, gegen einen selbst, und die nun die Krankheit verursachen. Was können Sie tun, wenn Sie sich hier an Ihre eigene Situation erinnert fühlen? Natürlich können Sie nicht zurückgehen und Ihre Eltern dazu bringen, noch einmal von vorne anzufangen. Sie können etwas anderes tun: Nämlich sich *selbst* die Liebe geben, die Sie in der Vergangenheit nicht bekommen haben. Wieder ist das etwas, was Sie lernen und üben müssen.
Auch dafür gibt es eine sehr wirksame Übung, die Ihnen helfen kann, einige dieser negativen Gefühle ans Licht zu bringen und zu verwandeln. Sie brauchen einen Partner für diese Übung. Setzen Sie sich einander gegenüber

und nehmen Sie Augenkontakt auf; Sie sollten jedoch nicht miteinander sprechen.

1. Betrachten Sie Ihren Partner und stellen Sie sich vor, daß Sie der andere wirklich gern hat. Er hält Sie für eine netten, freundlichen, liebevollen Menschen und ist wirklich glücklich darüber, mit Ihnen zusammensein zu dürfen. Nehmen Sie alle Gedanken, Gefühle, Vorstellungsbilder und körperlichen Reaktionen wahr, die sich einstellen, und prüfen Sie sie.
2. Stellen Sie sich nun vor, Ihr Partner habe Sie überhaupt nicht gern. Er kritisiert Sie und betrachtet Sie mit Verachtung und Haß. Prüfen Sie, was Sie nun denken und fühlen.
3. Stellen Sie sich jetzt vor, Ihr Partner sei ein Mensch, von dem Sie lernen können. Betrachten Sie ihn/sie als ein Instrument für Ihre persönliche Entfaltung. Prüfen Sie, was Sie fühlen.
4. Und nun stellen Sie sich vor, Ihr Partner sei als lebendiges menschliches Wesen eine Quelle bedingungsloser Liebe, jemand, den Sie bedingungslos akzeptieren können und umgekehrt.

Sprechen Sie nach dieser Übung mit Ihrem Partner über Ihre Reaktionen und Gefühle auf jeder Stufe. Prüfen Sie, erfahren Sie und lernen Sie voneinander, wie es ist, mit jemandem beisammenzusitzen, der Sie liebte oder nicht mochte.

Vielleicht hilft es Ihnen, wenn Sie begreifen, daß ein Teil von Ihnen immer noch das ungeliebte Kind ist. Gehen Sie freundlich mit sich selbst um, so, wie Sie mit diesem Kind umgehen würden. Sprechen Sie sich selbst Mut zu, loben Sie sich, und mäkeln Sie nicht an sich selbst herum, wenn Sie nicht Ihren eigenen Erwartungen entsprechen. Gehen Sie mit sich selbst so um, wie Sie als Kind gerne behandelt worden wären. Sie könnten sich sogar vorstellen, wie Sie das tun, indem Sie sich selbst als Kind sehen und dem Kind sagen, daß *Sie* es lieben und für es sorgen wollen.

Wenn Sie eine unglückliche oder schmerzvolle Kindheit oder Beziehung durchgemacht haben, dann heißt das nicht, daß Sie heute unglücklich sein müssen. So viele Menschen bleiben an die Vergangenheit gekettet, weil sie die Ereignisse, die ihren Schmerz verursacht haben, immer wieder von neuem durchleben. Sagen Sie sich, daß das Vergangene Ihnen jetzt gerade nicht passiert, es sei denn, Sie erschaffen es in sich selbst immer wieder neu. Akzeptieren Sie die Dinge so, wie sie geschehen sind: Und wenn Sie noch so sehr darüber nachgrübeln, Sie werden sie nicht mehr ändern können.

Erin Pizzey, die bekannte Schriftstellerin, gründete in London ein Haus für Frauen in Not. Sie fand heraus, daß viele Frauen, die Zuflucht suchten, nachdem sie von ihrem Mann oder ihrem Partner verprügelt worden waren, eines gemeinsam hatten: Sie waren als Kind von ihrem Vater geschlagen worden. Ein weiteres Beispiel dafür, wie Menschen die Vergangenheit nacherleben, indem sie sie in die Gegenwart projizieren.

Wenn Sie in der Vergangenheit viele Schmerzen erleiden mußten, wenn Ihre Gefühle oft verletzt wurden, dann ist es gut möglich, daß Sie eine schwere Last von Wut und Groll gegen alle diejenigen mit sich herumschleppen, die Ihnen diese Schmerzen zugefügt haben. Bei vielen verwandeln sich diese Gefühle in Wut und Haß auf einen selbst — Selbsthaß beispielsweise ist die häufigste Ursache von Depression. Verzichten Sie darauf. Erinnern Sie sich daran, daß der Groll, den Sie empfinden, schädliche Stoffe in Ihrem Körper produziert und zudem Ihre Sicht der Welt als Ganzes beeinflußt. Die Vergangenheit können Sie damit nicht ändern.

Fällen Sie die Entscheidung, sich von Ihrer Vergangenheit zu lösen. Wenn möglich, verzeihen Sie den Menschen, die Sie verletzt haben. Sie waren vielleicht selbst unglücklich und verwirrt. Wenn Sie anderen vergeben, dann helfen Sie mit, sich selbst zu heilen, und gleichzeitig schaffen Sie in Ihrem Leben Raum für positivere, hilfsbereite Menschen. Wenn es Ihnen nicht leichtfällt, das Wort »verzeihen« zu akzeptieren, dann stellen Sie sich einfach vor, Sie befreien sich und zerschneiden die Bande, die Sie an die Menschen ketten, von denen Sie verletzt wurden. Stellen Sie sich vor, wie Ihr Schmerz, Ihre Wut Sie verläßt wie eine schwarze Wolke, die in die Ferne entschwebt, langsam kleiner und kleiner wird und sich am Himmel auflöst. Sie können sich die Menschen, auf die Sie zornig sind, vor Ihr geistiges Auge holen, Ihnen sagen, daß Sie ihnen verzeihen und sie dann loslassen. Stellen Sie sich nicht vor, sie dabei zu verletzen, sondern lassen Sie sie an einen Ort entschwinden, weit weg von hier, wo sie glücklich sein und aus Ihrem Leben verschwinden können. Anfangs mögen Sie vielleicht das *Gefühl* haben, nicht verzeihend zu sein; wichtig ist Ihre Bereitschaft zu verzeihen. Vielleicht ist es auch nötig, sich selbst zu verzeihen. Ob Sie tatsächlich etwas getan haben, was Sie sehr bereuen — und es gibt nur wenige Menschen, für die das nicht gilt —, oder ob Sie unter den umfassenden Schuldgefühlen zu leiden haben, die auf so vielen Menschen zu lasten scheinen: Sich schuldig zu fühlen wird nichts in Ordnung bringen. Denken Sie daran, daß sich das Kind in Ihnen immer noch entwickelt und lernt und dabei sicherlich auch Fehler machen wird. Gestatten Sie sich, unvollkommen zu sein, lassen Sie Ihre Fehler los, verzeihen Sie und lieben Sie sich selbst. Eine weitere Übung sucht nach Wegen, mit Gefühlen wie Angst, Zorn, Eifersucht, Verletztheit, Trauer, Schuldgefühl etc. umzugehen:

Setzen Sie sich hin, schließen Sie Ihre Augen und nehmen Sie Kontakt mit Ihrem Körper auf. Erinnern Sie sich nun an eine Situation, in der Sie eines der obengenannten Gefühle empfanden (Verletztheit, Ärger, Angst etc.). Versetzen Sie sich in die entsprechende Situation, als ob sie hier und jetzt geschehen würde. Rufen Sie sich alle Einzelheiten ins Gedächtnis, wie Sie sich fühlten, wie Ihr Körper sich fühlte etc. Denken Sie nun an einen Menschen, dem Sie am liebsten Ihre Empfindungen mitgeteilt hätte, es aber nicht schafften — visualisieren Sie ihn so deutlich Sie nur können. Stellen Sie sich nun vor, Sie würden zu diesem Menschen sprechen und ihm frei und geradeheraus sagen, was Sie fühlten. Versuchen Sie, das Gefühl, tatsächlich direkt mit dieser Person zu sprechen, einzufangen. Prüfen Sie, wie Sie sich dabei fühlen. Wie reagiert Ihr Gegenüber vor Ihrem geistigen Auge? So, wie Sie es erwartet haben oder anders? Unabhängig davon, wie er reagiert hat: Stellen Sie sich nun das Gegenteil vor. Beobachten Sie den Unterschied in Ihren Gefühlen und bei der Veränderung. Vergleichen Sie die beiden Situationen. Nun reden Sie mit ihm und hören Sie, wie Ihr Gegenüber einfach mit Liebe, Verzeihen, Verständnis, Sympathie reagiert — so wie Sie es sich in dieser Situation am meisten wünschen würden. Halten Sie dieses Bild einige Zeit fest, und lassen Sie es dann los.

Eine weitere Übung kann Ihnen helfen zu lernen, wie man sich selbst liebt:

Schließen Sie Ihre Augen und werden Sie ruhig. Lauschen Sie Ihrer Atmung. Lösen Sie die Spannungen, während Sie ganz normal und unbehindert atmen. Lassen Sie sie beim Ausatmen einfach los. Machen Sie nun weiter und erforschen Sie Ihre Haut. Fühlen Sie Ihre Finger, die Berührung Ihrer Hand im Kontakt mit einem anderen Teil Ihres Körpers. Werden Sie sich der Beschaffenheit von Boden, Stuhl, Haaren, Ihrer Kleidung, der Haut etc. bewußt. Hören Sie auf das, was Ihnen Ihr Körper erzählt, während Sie sich selbst und Ihre Umgebung erforschen, und achten Sie auf die Bilder, die in Ihnen aufsteigen, während Sie die Berührung und die Verbundenheit mit Ihrer Umgebung und mit sich selbst erfahren. Sagen Sie zu sich selbst dann folgendes:
»Ich bin im Kontakt mit meinen Gefühlen und meinem Sein. Ich liebe mich selbst, weil ich ein Teil des Universums bin. Das ist ein wertvoller Besitz. Ich kann mich selbst lieben. Ich fühle mich sicher, geschützt und zu Hause in meinem Körper. In meinem Körper läßt es sich geschützt und angenehm leben. Immer wenn ich ängstlich werde oder mich fürchte oder das Gefühl habe, nicht geliebt zu werden, kann ich mich entspannen und mich in meinem Körper wieder sicher fühlen. Ich liebe mich selbst, komme, was wolle. Ich verdiene es, geliebt zu werden, und deshalb kann ich dieses überwältigende Gefühl von Liebe auch allen anderen schenken.«

Während Sie lernen, sich selbst zu lieben, können Sie diese liebende Kraft zum Fließen bringen, indem Sie Liebe geben. Verwenden Sie Liebe auf die Dinge, die Sie während des Tages tun. Geben Sie Ihre Liebe einer Pflanze oder einem Tier oder jemandem, von dem Sie nichts zurückverlangen. Geben Sie sie in Form eines Lächelns oder eines Kompliments, und denken Sie daran, daß Sie die positive Streicheleinheit, die Sie geben, zurückerhalten werden. Eine kürzlich veröffentlichte Studie lieferte den Beweis, daß ältere Menschen, die sich um einen Hund oder eine Katze kümmerten, gesünder waren und unter weniger körperlichen Beschwerden litten als ihre Altersgenossen ohne Haustiere. Dies veranschaulicht mein Argument für die Liebe: Liebe ist eine Energieform. Wenn Sie vertrauensvoll geben, löst sich Liebe nicht einfach in nichts auf — sie wird zu Ihnen zurückkehren. Vergessen Sie jedoch nicht, daß Sie keine Liebe geben, wenn Sie dabei nachrechnen, was Sie wohl als Gegenleistung erwarten könnten.

Auch wenn ich hier verschiedene Methoden besprochen habe, um Ihre Einstellung zu sich selbst und zum Leben zu ändern, kann es sein, daß es in anderen Bereichen Ihres Lebens Probleme gibt, die Ihre Gesundheit beeinflussen. Häufig lastet auf einem Patienten ein Problem, das er nicht lösen kann und das ihm angst macht. Genau da nehmen Sorgen ihren Anfang. Sorgen verderben einem stets die Laune und haben noch nie Probleme gelöst. Also, warum sich Sorgen machen?

Wichtig ist die Erkenntnis, daß Angst für sich allein betrachtet noch nicht heißt, daß mit Ihnen etwas nicht stimmt. Sie ist ein Signal dafür, daß irgend etwas nicht in Ordnung ist und daß etwas getan werden muß. Ein Signal dieser Art sorgt für die Ausschüttung von Hormonen, die Körper und Geist auf Aktion vorbereiten. Die beste Art, damit umzugehen, ist, in Aktion zu treten.

Es gibt ein altes Märchen von einem gewaltigen Ungeheuer, das hoch in den Bergen über einem Dorf lebte. Es war so riesig, daß alle Dorfbewohner in ständiger Angst und Schrecken lebten. Gelegentlich spie es Feuer und Rauchwolken, und wenn sie dann davonliefen, wurde es größer als zuvor. Eines Tages entschloß sich einer der Dorfbewohner, etwas gegen dieses Monster zu tun, vor dem sich alle fürchteten. Er nahm einen festen Stock und begann, auf der Suche nach dem Ungeheuer den Berg hinaufzuklettern. Etwas Seltsames geschah. Je näher er an das Ungeheuer herankam, desto kleiner wurde es. Als er ihm schließlich gegenüberstand, war es nur noch so groß wie eine Maus. Mit vielen unserer Ängste verhält es sich genauso. Je mehr wir vor ihnen davonlaufen, desto größer werden sie. Wenn Sie die Sache jedoch umdrehen und anfangen, wirklich etwas dagegen zu tun, werden Sie Ihre Aufmerksamkeit und Energie in Ihr Handeln fließen lassen, und die Angst und die Furcht werden verschwinden.

Ich habe den Verdacht, daß viele Probleme, besonders diejenigen, die unsere zwischenmenschlichen Beziehungen berühren, Kommunikationsprobleme sind. Viele Menschen setzen einen festen Deckel auf ihre Probleme, weil es ihnen peinlich ist, als hilfsbedürftig zu gelten. Wir Menschen sind eigentlich Herdentiere. Wir sind nicht dafür gebaut, allein mit dem Leben fertigzuwerden, und es gibt immer Menschen, die sich freuen, anderen helfen zu können. Ich war schon immer überzeugt, daß die beste Form von Hilfe darin besteht, jemanden dabei zu unterstützen, seine *eigenen* Antworten zu finden, statt ihm zu sagen, was er tun solle. Zumindest ist das meine bevorzugte Methode.

Sich mit einem anderen Menschen zu besprechen ist in

mehrfacher Hinsicht von Nutzen. So nimmt beispielsweise das offene Gespräch über die Angst eine Last von unseren Schultern. Oft sieht ein anderer Mensch, der nicht in Ihre Probleme verstrickt ist, die Dinge aus einer völlig anderen Perspektive. Mit jemandem zu sprechen, der Sie versteht und akzeptiert, wird zudem mithelfen, sich wie der normale, wertvolle Mensch zu fühlen, der Sie in Wirklichkeit sind. Die Erkenntnis, daß Sie etwas tun können, wird Ihnen helfen, Ihr Selbstwertgefühl wiederzugewinnen.

Niemand kann einen Zauberstab schwingen und Sie ändern. Aber wenn Sie damit beginnen, Ängste und negatives Denken loszulassen und etwas Positiverem die Tür zu öffnen, dann *werden* sich die Wolken allmählich verziehen, und Sie beginnen mit dem Prozeß der Selbstheilung.

4.
Schöpferisches Visualisieren

»Schöpferisches Visualisieren« ist ein Begriff, der meine Patienten oft zu verwirren scheint, weil sie es für eine schwere oder komplizierte Sache halten. Man könnte es auch »Tagträumen« oder »Fähigkeit zur Einbildung« nennen, weil es so einfach ist. Alles, was wir tun, jede unserer Handlungen, nimmt ihren Anfang bei einer Reihe von Bildern in unserem Geist. Wenn Sie die Absicht haben, Ihr Heim zu verschönern, dann stellen Sie sich doch zuerst vor, wie es wohl in verschiedenen Farben gestrichen aussehen mag. Wenn ein Fremder Sie nach dem Weg fragt, dann werden Sie vor Ihrem geistigen Auge dieselben Straßen hinuntergehen oder -fahren, die Sie dann dem anderen nennen werden. Die Bedeutung der Imagination für die Heilkunde ist seit Jahrtausenden bekannt. Heute ist sie Bestandteil einer Vielfalt von Therapiemethoden, und medizinische Anwendungen von Imaginationstechniken finden immer größere Verbreitung.
Jeder Mensch visualisiert, aber bei einem Viertel bis zu einem Drittel von uns geschieht dieser Vorgang unbewußt. Mit anderen Worten: Die Bilder sind so flüchtig, daß sie außerhalb der Reichweite des Bewußtseins vorüberziehen. Visualisieren heißt, sich Phänomene zu Bewußtsein zu bringen, die ohnehin geschehen, und zu lernen, ihnen Aufmerksamkeit zu schenken. Menschen, denen

das Visualisieren schwerfällt, denken oft in einer anderen Sinnessprache: nach dem Gehör, dem Tastsinn oder dem Bewegungsgefühl. Vielleicht erwarten sie auch einfach zuviel. Geistige Bilder besitzen unterschiedliche Intensität — von Fragmenten bis hin zu lebendigen, farbigen Cinemascope-Szenen. Normalerweise sind sie nicht so scharf und klar wie unsere Wahrnehmung. Wenn Sie glauben, daß Sie zu den Menschen gehören, denen visualisieren schwerfällt, dann habe ich einige Übungen für Sie, die Ihnen vielleicht helfen können.

Zuerst sollte man sich bewußt werden, daß es eine direkte Verbindung zwischen Entspannung und Imagination gibt. Oft genügt es schon, sich hinzulegen und zu entspannen, um die Imaginationskraft zu wecken. Wichtig ist auch Geduld, denn wenn Sie mit Ungeduld auf das Auftauchen von Bildern warten, kann das störend wirken.

Jeder von uns hat eine bevorzugte Wahrnehmungsart, die er sich leichter vorstellen kann. Einige Menschen können im Geist Musik hören, andere können mental Geschmack und Geruch empfinden. Wenn Sie sich mental eine Reihe von Geschmacksrichtungen, z. B. Zitrone, Zahnpasta oder Salz, wachrufen können, werden Sie häufig feststellen, daß sich dazu auch ein visuelles Bild einstellt.

Wer nicht gut visualisieren kann, neigt häufig dazu, Bilder in Worte zu verwandeln. Diese Verwandlung geschieht so rasch, daß man das visuelle Bild in der Zehntelsekunde, bevor es benannt wird, nicht mehr identifizieren kann — fast als ob man sich wie ein Reiseleiter für die eigenen Bilder verhält. Mit Hilfe von Übungen jedoch, die das Verbalgeräusch abschalten, kann man das Visua-

lisieren erlernen. Versuchen Sie einmal, sich ein paar Minuten lang umzusehen, ohne das, was Sie sehen, zu kategorisieren, mit einem Etikett zu versehen oder zu benennen: Farben, Formen oder Bewegungen. Wenn Sie ins Benennen abrutschen, kehren Sie einfach ganz sanft zurück zu dem Versuch, zu sehen, ohne zu benennen.
Eine weitere nützliche Übung ist das visuelle Erinnern mit Hilfe eines Diaprojektors. Bedecken Sie die Linse eines Diaprojektors mit Ihrer Hand und ziehen Sie Ihre Hand eine Sekunde lang zurück, um das projizierte Bild anzuschauen, legen Sie dann wieder Ihre Hand drüber. Versuchen Sie, sich an das zu erinnern, was Sie sahen (wie es aussah), ohne das Objekt selbst zu benennen.
Versuchen Sie, sich Bilder vor Ihr geistiges Auge zu holen, die Sie wirklich mit Freude anschauen. Üben Sie zweimal täglich eine Minute lang, dieses Lieblingsbild, diese Person oder diesen Ort zu visualisieren. Versuchen Sie, sich Bilder aus Ihrer frühen Kindheit ins Gedächtnis zu rufen. Erinnern Sie sich, soviel Sie nur können, sammeln Sie Erinnerungen an bestimmte Zeiten, Orte und Menschen. Tun Sie das zweimal täglich. Lassen Sie nach einer Woche die Erinnerungen der letzten sieben Tage Revue passieren. Sie werden dabei entdecken, daß die verbale Komponente um so weniger in den Vordergrund drängt, je älteren Datums die Erinnerungen sind.
Wenn Sie Ihre Träume zeichnen, statt sie aufzuschreiben, kann Ihnen das unter Umständen helfen, die visuelle Ebene beizubehalten. Und schließlich könnten Sie lernen, sich innere Dialoge vorzustellen. Wenn Sie erkennen, daß sich verschiedene Aspekte Ihrer Persönlichkeit im Konflikt miteinander befinden, versuchen Sie doch einmal, sich an ihrer Stelle Trickfilmfiguren vorzustellen.

Alle diese Vorschläge zur Erleichterung des Visualisierens habe ich Ihnen nahegebracht, weil diese Fähigkeit den Grundstein zu meiner ganzen Arbeit bildet, und weil sie von zentraler Bedeutung für die Genesung meiner Patienten ist. Sieben Punkte sind es, die im Selbstheilungsprogramm meiner Patienten zur Anwendung kommen, und ich werde jeden einzelnen eingehend erläutern, bevor ich mit speziellen Beispielen aufwarte.

1. *Stellen Sie sich vor, wie Ihre Krankheit oder Ihr Problem aussieht.*

Es spielt keine Rolle, wenn Sie nicht wissen, welches visuelle Bild ein Tumor, ein arthritisches Gelenk, eine Depression oder ein kranker Rücken abgibt, denn nach meiner Erfahrung produziert symbolische Imagination, im Gegensatz zu wirklichkeitsgetreuen Abbildern, ohnehin bessere Ergebnisse. Denken Sie an Ihr Problem und warten Sie, bis ein mentales Bild aufsteigt. Worte haben ihre Grenzen. Das autonome Nervensystem andererseits reagiert auf eine grundlegendere Sprache: die Imagination. Bewußte Erwartungen in bezug auf Selbstheilung können dem autonomen Nervensystem Informationen übermitteln.

Gelegentlich begegnet mir ein Patient, der mir mitteilt, er wolle sich nicht vorstellen, wie sein Tumor aussieht, weil »ihm das Kraft raube«. Typischerweise sind dies Menschen, die sich mit ihrem Problem nicht auseinandersetzen wollen, und die glauben, daß es sich von selbst lösen wird, wenn man es unter den Teppich kehrt. Die meisten Menschen, mit denen ich gearbeitet habe, durften entdecken, daß sie ein viel intensiveres Gefühl ihres Kampfes gegen die Krankheit entwickeln, wenn es ihnen erst einmal gelungen ist, ein klares visuelles Bild von ihr zu gewinnen.

2. *Stellen Sie sich vor, wie jede Behandlung, die Sie von außen erhalten, Ihr Problem angreift, zerstört oder umwandelt.*

Unter Behandlung von außen verstehe ich medizinische Behandlung (Heilen, Akupunktur, Homöopathie, Physiotherapie) und jede Therapie, die Sie von jemand anderem erhalten.

3. *Stellen Sie sich vor, wie Ihre weißen Blutkörperchen die Krankheit oder das Problem attackieren.*

Dies ist einer der wichtigsten Punkte beim Visualisieren. Es sind Ihre weißen Blutkörperchen, die jeden Eindringling (Viren, Bakterien etc.) bekämpfen. Ihre weißen Blutkörperchen bilden das Immunsystem, das offensichtlich von so zentraler Bedeutung für unsere Gesundheit ist. Visualisieren Sie die weißen Blutzellen als viel stärker und kraftvoller als das mentale Abbild der Krankheit. Stellen Sie sich Ihre weißen Blutzellen vor, wie sie über die degenerierten Zellen ausschwärmen, sie überwältigen und fortschwemmen.

Es ist von wesentlicher Bedeutung, daß Ihr Bild für die weißen Blutkörperchen viel aktiver und aggressiver ist als das Abbild der Krankheit. Wenn Sie bei sich ein stärkeres und kraftvolleres Bild von der Krankheit feststellen und dieses Bild von einem einzigen, einsamen weißen Blutkörperchen angegriffen wird, dann gibt Ihnen Ihr Unterbewußtsein mit großer Wahrscheinlichkeit eine ganz

bestimmte Botschaft: Ihr Zutrauen an die Krankheit ist stärker als Ihr Glaube an die Selbstheilungskraft Ihres Körpers.
Es gibt zwei Meinungen, was das Visualisieren betrifft. Ich ermutige meine Patienten zu der Vorstellung, daß ihre Krankheit nicht so vital ist, während ihr Immunsystem, ihre weißen Blutkörperchen als viel kraftvoller und aggressiver visualisiert werden sollten. Ich weiß, daß einige meiner Patienten während ihrer Visualisierung sogar wütend auf ihre Krankheit werden. Nach einer anderen Überzeugung sollte man eine viel passivere und neutrale Imagination anwenden und es vermeiden, Aggressivität und Wut in den Imaginationsprozeß einfließen zu lassen. Schließlich, so wird argumentiert, sei die Krankheit ein Teil von ihnen, ob sie es wollen oder nicht. Auf der Basis meiner großen Erfahrung, und nachdem ich mit Hunderten von Patienten, Männern und Frauen aus den verschiedensten Schichten, gearbeitet habe, kann ich dazu nur sagen, daß die große Mehrheit von ihnen mit einer aggressiven Vorstellung besser zurechtkommt. Die Patienten haben das Gefühl, daß sie gegen etwas kämpfen, das eigentlich eher kraftlos ist, gegen einen nicht sonderlich gut beratenen Eindringling. Ich habe auch festgestellt, daß aggressive Imagination Gefühle von Wut oder Groll »exorziert«, die der Patient vor dem Ausbruch der Krankheit empfunden haben mag. Und schließlich glaube ich, daß eine allzu sanfte oder schwache Imagination Gefahr läuft, nicht die nötige Kraft zur erfolgreichen Problembeseitigung aufzubringen. Letzten Endes jedoch ist die Wahl des geeigneten Bildes — ob aggressiv oder nicht — Sache des Patienten.

4. Stellen Sie sich vor, Sie seien gesund und fit und würden all die Dinge tun, die Sie sich für die Zukunft vorgenommen haben.

Auf den ersten Blick scheint dies eine recht oberflächliche Sache zu sein, aber ich glaube, daß auch dieser Punkt von zentraler Bedeutung für den Heilungsprozeß ist. Eine einfache Übung wird Ihnen helfen können, dies einzusehen.

Setzen Sie sich aufrecht und bequem hin und wenden Sie Ihren Kopf so weit nach rechts oder nach links, wie Sie nur können, ohne dabei Ihre Schultern zu bewegen. Suchen Sie sich eine Stelle an der Wand, so weit hinten, wie Sie Ihren Kopf drehen können, und behalten Sie diese Stelle im Gedächtnis. Richten Sie Ihren Kopf wieder nach vorne und schließen Sie Ihre Augen. Stellen Sie sich nun vor, Ihr Hals sei aus Gummi, und Sie könnten Ihren Kopf wie eine Eule um 180° drehen. Bewegen Sie dabei Ihren Kopf und Ihren Hals in keiner Weise, und halten Sie das Bild eine Minute lang vor Ihrem geistigen Auge fest. Öffnen Sie dann Ihre Augen, drehen Sie Ihren Kopf wieder in die gleiche Richtung und achten Sie nun darauf, wohin die Stelle an der Wand wandert. Normalerweise werden Sie merken, daß Sie Ihren Kopf viel weiter drehen können, nachdem Sie sich diesen aus Gummi vorgestellt haben.

So schnell reagiert der Körper auf Visualisierung. Wenn Sie sich selbst einreden, Sie seien unfähig, etwas zu tun, wenn Sie immer an das Schlimmste denken, dann geben Sie Ihrem Körper permanent negative Botschaften, die er rasch befolgt. Wenn Sie täglich eine kurze Zeit damit verbringen, sich selbst als völlig gesund vorzustellen, dann wird Ihr Körper sich nach *dieser* Botschaft richten.

1980 nahm ich an einer Pilotstudie in einem bekannten

Krankenhaus teil. Ihr Ziel bestand darin, festzustellen, ob und welche Wirkung Matthew Mannings Heilmethode besitzt. Man bat mich, einige Patienten zu behandeln, die allesamt unter chronischen Schmerzzuständen litten und auf keine der konventionellen Therapiemethoden ansprachen. Obwohl ich dem äußeren Anschein nach alle Patienten behandelte, versuchte ich in Wirklichkeit, nur die Hälfte von Ihnen angemessen zu heilen: Während ich der anderen Hälfte meine Hand auflegte, tat ich nur so, als ob ich heilen würde und durchlief dabei keinerlei mentale Prozesse, wie ich es normalerweise getan hätte. Die Absicht bei dieser Täuschung war es, zu prüfen, ob man die Wirkung meines Tuns mit psychologischen Faktoren oder dem Placebo-Effekt erklären könnte. Wenn eine Heilung unter diesem Gesichtspunkt erklärbar wäre, dann hätte man erwarten können, daß alle Patienten profitieren oder zumindest, daß sich alle jene, denen geholfen werden konnte, gleichmäßig auf beide Patientengruppen der Studie verteilen würden. Tatsächlich stellte sich heraus, daß sich diejenigen Patienten, die eine Besserung spürten, in der Gruppe fanden, die ich korrekt behandelt hatte. Der spätere Bericht auf der Basis der ärztlichen Auswertung stellte fest: »Patienten, zu denen Manning eine gute Verbindung herstellen konnte, erfuhren eine Schmerzlinderung und/oder reduzierten die Einnahme von Medikamenten.« Die Besserung wurde so erklärt: »Die Theorie kognitiver Dissonanz weist darauf hin, daß Patienten dazu tendieren, von der Wirksamkeit einer Behandlung überzeugter zu sein, wenn sie ein Gefühl aktiver Teilnahme haben. Mit wachsender Überzeugung von der Wirksamkeit nehmen auch tatsächlich die Heilungschancen zu, was wiederum dem Problem einer

Unterscheidung zwischen Heilen und psychologischem Nutzen eine weitere Dimension hinzufügt.«

Obwohl dies eine gute Empfehlung für Selbstheilungstechniken ist, taucht nun eine beunruhigende Frage auf. Wenn schon die Schulmedizin der Heiler—Patient-Beziehung oder den »psychologischen Faktoren« einen heilungbringenden Nutzen zuschreiben möchte, sollte sie auch akzeptieren, daß negative Andeutungen von Ärzten gegenüber Patienten eine schädliche Wirkung haben können. Dr. Brian Roet vom Londoner Charing-Cross-Hospital bezeichnet dies als »Einprägung« (»Imprinting«). Er sagt: »Eine *Einprägung* ist ein Hinweis oder ein Befehl, der dem Unterbewußten (dem Zugriff des Bewußtseins entzogen) eingeflößt wurde und Jahr um Jahr seine Wirkung tut. Vielleicht glauben Sie, daß ich von einer abseitigen Gehirnwäsche-Science-Fiction-Methode spreche, aber ich kann Ihnen versichern, daß ich das nicht tue. Wir alle haben zu irgendeiner Zeit unseres Lebens Einprägungen erhalten und verwirklichen sie nun in der einen oder anderen Form.«

Eine Einprägung braucht drei Faktoren, um wirksam werden zu können:

1. Einen Menschen unter Streß, der ängstlich, nervös oder angespannt ist.
2. Eine Autoritätsfigur, die sich dominant verhält.
3. Einen Befehl oder eine Voraussage, die von dieser Autoritätsfigur gegeben wird.

In einer solchen Situation kann sich die Anweisung oder Feststellung als ungefragt übernommener Befehl, dem zu gehorchen ist, im Unterbewußten einprägen. Dieser Befehl wirkt noch Jahre nach der ursprünglichen Einprägung fort, ohne daß sich sein Empfänger dessen bewußt wäre: Etwa bei Kindern durch strenge Eltern oder Lehrer, besonders wenn sich das Kind fürchtet oder Schuldgefühle hat und die Eltern wütend sind. Fast scheint es, als ob die Worte ins Unterbewußte schießen und sich dort einnisten, außerhalb der Reichweite von Vernunft und Logik. Spätere Handlungen, Schwierigkeiten und Symptome werden nicht mit den Einprägungs-Geschehnissen in Verbindung gebracht, und die Unfähigkeit, sich zu ändern, hat oft hier ihre Wurzeln.

Norman Cousins, der frühere Herausgeber der *New York Saturday Review*, beschreibt in seinem Buch *Anatomy of an Illness* (»Anatomie einer Krankheit«) seinen erfolgreichen Kampf gegen eine seltene, lähmende Krankheit, die sein Körperbindegewebe befallen hatte. Seine Ärzte hatten ihm eine Heilungschance von 1:500 gegeben. Er begann daraufhin, die natürlichen Heilkräfte seines Körpers — Lachen, Mut und Beharrlichkeit — zu mobilisieren. Als Resultat erholte er sich vollständig. Er erzählt, wie er Jahre später dem Spezialisten begegnete, der ihm so geringe Chancen gegeben hatte.

> Es war schon ein großer Zufall, daß ich am zehnten Jahrestag meiner Krankheit auf den Straßen New Yorks dem Spezialisten begegnen sollte, der mir die traurige Diagnose einer fortschreitenden Lähmung gestellt hatte. Er war sichtlich überrascht, mich zu sehen. Ich streckte ihm meine Hand hin und er ergriff sie. Ich hielt mich beim Händeschütteln nicht zurück. Ich wollte ihm etwas begreiflich machen und hielt einen festen Händedruck für die beste

Art, bei ihm einen Eindruck zu hinterlassen. Ich erhöhte den Druck, bis er sich krümmte und mich bat, ihn loszulassen. Er sagte, daß er mich, nach meinem Händedruck zu urteilen, nicht fragen müsse, wie es mir gehe, aber daß er unbedingt wissen wolle, wie es zu meiner Heilung gekommen sei.
Es begann alles mit der Entdeckung, sagte ich, daß einige Experten wahrlich nicht genug wissen, um ein Urteil über das Schicksal eines Menschen abgeben zu können. Und dann verlieh ich der Hoffnung Ausdruck, daß sie vorsichtiger sein mögen mit dem, was sie anderen Menschen glauben, sagen zu müssen. Es könnte nämlich passieren, daß man ihnen Glauben schenkt. Und das ist manchmal der Anfang vom Ende.

Bei Martin Hitchcock wurde im Oktober 1983 Prostata- und Knochenmark-Krebs diagnostiziert, und kurz darauf kam er zu mir. Im August 1984 war vom Krebs keine Spur mehr zu entdecken, ebenso bei den sechs folgenden monatlichen Untersuchungen. Obwohl sich sein Arzt, der ihn mit orthodoxen Therapiemethoden behandelt hatte, sehr erfreut zeigte über dieses Ergebnis, warnte er Martin, daß der Krebs »jederzeit wiederkehren könne«.
Herr D. kam zu mir, weil man ihm gesagt hatte, sein Darmkrebs mache ihn zu einem todkranken Mann. Als er zum ersten Mal ins Zentrum kam, nahm er im Stundenabstand Morphium und hatte eine Lebenserwartung von etwa zwei Wochen. Das war im August 1984. Von der ersten Heilsitzung an konnte er ohne Morphium auskommen. Von Dezember an nahm sein Gewicht zu, weil er nicht mehr erbrechen mußte. »Ich fühle mich besser

und gesünder als mit 19«, sagte er zu mir. Kurz vor Weihnachten desselben Jahres wurde er von einem Arzt untersucht und sagte ihm, daß er mich aufgesucht habe. Man teilte ihm mit: »Es handelt sich nur um ein kurzzeitiges Abklingen. Sie müssen sich klarmachen, daß es nicht von Dauer sein wird.« Er starb kurz darauf an einem riesigen Tumor, der sich rasch in seinem Magen gebildet und ausgebreitet hatte.

Man könnte behaupten, daß Martin Hitchcock und Herr D. ein »negatives Placebo« erhalten hatten. Nach meiner Erfahrung geschieht das recht oft. Obwohl ich voll und ganz die Notwendigkeit einsehe, dem Patienten die Wahrheit zu sagen, sehe ich doch häufig die Ärzte in einem Dilemma. Sicherlich kann man meinen Patienten zu Recht sagen: »Ihre Krankheit bessert sich gerade. Drücken wir die Daumen, daß es so weitergeht.« Das ist aufrichtig und positiv. Aber wie reagieren die Patienten auf eine Negativ-Prognose?

5. *Setzen Sie sich Ziele und fassen Sie Lebenswillen.*

Sich Ziele zu setzen ist eine Technik, die von den Simontons vorgeschlagen wird. Es ist eine gute Methode, die Familie zusammenzubringen, um bei der Genesung des Patienten mitzuwirken. Ziele setzen — in drei-, sechs- oder zwölfmonatigem Abstand —, das Feuer am Brennen und den Optimismus lebendig zu halten, indem man den Patienten in freudloseren Momenten an das Ziel erinnert, das es zu erreichen gilt, das ist ein Pluspunkt, bei dem sowohl Familie als auch Freunde mithelfen können.

Das »Ziel« des Schriftstellers Cornelius Ryan im Kampf

gegen den Krebs war die Vollendung seines Bestsellers *A Bridge Too Far*. Er sagte: »Ich kann nicht sterben, solange *A Bridge Too Far* nicht geschrieben ist. Der Krebs darf mich nicht töten, solange nicht mein Wissen um *ihn* und meine Arbeit an dem neuen Buch vollendet ist. Ich muß weitermachen, selbst wenn alles gegen mich spricht. Irgendwie, auf irgendeine Weise werde ich siegen.« Kurz nach der Fertigstellung des Buches im November 1973 sagte Ryan: »Es ist etwas Besonderes an *Bridge*, was erst der Krebs möglich gemacht hat. Seltsam, aber es ist eine Art Vorzug, Krebs zu haben. Jetzt, wo das Buch fertig ist, wäre es mir ein leichtes, mich zurückzulehnen und auszuruhen. Aber es wäre auch gefährlich für meine Moral... Ich habe das Gefühl, Nichtstun und Muße würden dem Krebs einen Vorsprung bringen.«

Der Reiter Bob Champion ist eine weitere weltbekannte Persönlichkeit, die durch ein »Ziel« gerettet wurde. 1979 war er einer der fünf Spitzen-Springreiter Englands, als bei ihm Hodenkrebs diagnostiziert wurde, der sich schon in die Brustlymphknoten ausgebreitet hatte. Im Alter von 31 Jahren gab man ihm ohne Behandlung noch acht Monate zu leben. In seinem Buch *Champion's Story* erzählt er aufrichtig und undramatisch von seinen Gefühlen und Erfahrungen in den folgenden beschwerlichen zwei Jahren. Die erste Reaktion auf seine Diagnose war Schock und Angst: »... Ich war wie versteinert. Ich konnte nicht begreifen, daß meine Krankheit eine Operation erforderte, obwohl ich mich so gut fühlte. Ich konnte mir nicht vorstellen, daß ein Arzt an meinen Eiern herumoperiert. Sie sind ein sehr wichtiger Teil am Körper eines Mannes.« Ein weiterer grausamer Schlag für Bob, der Kinder sehr liebte, war die Tatsache, daß er aufgrund der Nebenwirkungen der Chemotherapie höchstwahrscheinlich unfruchtbar werden würde. Ein alles beherrschender Gedanke half ihm durch die schwärzesten Tage seiner Behandlung. Er sagt: »Ich war besessen von dem Gedanken, beim Grand-National-Rennen auf Aldaniti zu siegen. Das Pferd war ein perfekter Zielpunkt, um meine Fitneß wiederzugewinnen.« Er sagte seinem Schwager, daß er lieber in einem Rennen sterben würde, als einen schleichenden Tod in einem Krankenhaus zu erleiden. Sein Sieg im Grand National von 1981, als er tatsächlich auf Aldaniti gewann, ist heute eine Legende. Nach dem Rennen sagte er: »Mein Sieg heute möge beweisen, daß es immer Hoffnung gibt, daß alle Schlachten gewonnen werden können: Das ist mein einziger Wunsch. Ich hoffe, daß er andere inspirieren wird, sich ihrer Krankheit mit neuem Mut zu stellen.«

Nach meiner Erfahrungen fühlt sich ein Patient nicht selten vom Leben in die Falle gelockt und betrogen. Es ist deshalb besonders wichtig für ihn, mit seinen Problemen positiver und schöpferischer umzugehen. Eine der wirksamsten Methoden ist das Setzen von Zielen, die einen an die Zukunft glauben lassen. Das müssen nicht unbedingt materielle Ziele sein, wie man oft meint.

Ich kannte einen Mann, dessen Frau ernsthaft erkrankt war und nicht mehr lange zu leben hatte. Er wußte, daß seine Frau eine große Verehrerin Frank Sinatras war, und er kaufte ihr deshalb im März Karten für ein Konzert, das einige Monate später in London stattfinden sollte. Das gab ihr ein Ziel, denn sie wollte schon immer Sinatra live auf der Bühne sehen. Sie überlebte die Monate und ging zum Konzert. Sein System von Zielsetzungen hielt sie viel länger gesund, als es die Ärzte vorausgesagt und erwartet hatten.

Wie ich an früherer Stelle in diesem Buch ausführte, habe ich schon öfters beobachten können, daß der Verlust eines stabilisierenden Einflusses im Leben zum Ausbruch einer Krankheit beitragen kann, wenn der Patient seine Situation als hoffnungslos betrachtet. Genauso wahr wäre die Behauptung, daß viele dieser Menschen ihr Ziel oder ihre Aufgabe im Leben verloren haben. Typischerweise bekommen viele Frauen Brustkrebs in einem Alter, in dem die Kinder gerade erwachsen geworden sind und das Haus verlassen haben, während der Ehemann auf dem Höhepunkt seiner Karriere steht und möglicherweise beruflich viel Zeit außer Haus verbringt. Sie muß dann entdecken, daß ihre Aufgabe als Mutter und Ehefrau an Bedeutung verliert. Wenn sie in ihrer eigenen Kindheit wenig Nähe zu einem Elternteil oder zu beiden empfunden hat, kann das jetzt zu Gefühlen von Isoliertheit und Vernachlässigung führen. Als Erwachsene knüpft sie eine starke Bindung zu einem anderen Menschen, aber wenn sich später im Leben die Beziehung durch Scheidung, Tod oder den Weggang eines Kindes auflöst, läßt dieser überwältigende Verlust die Gefühle der Kindheit wieder aufleben. Es ist, als ob das Geschehen der späten Jahre die in der Kindheit empfundene Hoffnungslosigkeit endgültig bestätigt: es entsteht ein so übermächtiges Gefühl, daß es zum Auslöser für den Krebs werden kann.

Viktor Frankl erforscht in seinem Buch *Der Mensch auf der Suche nach dem Sinn* den tieferen Sinn und die Bedeutung von Zielen, die man sich selbst setzen muß. Frankl, ein jüdischer Arzt, der während des Zweiten Weltkriegs in einem deutschen Konzentrationslager gefangen war, machte dort die Erfahrung, daß Menschen, die sich hängenlassen, weil ihnen die Zukunft sinnlos erscheint, dazu neigen, sich mit rückschauenden Gedanken zu beschäftigen. Im Lager herrschte verbreitet die Tendenz, den Blick auf die Vergangenheit zu richten und so die Gegenwart mit all ihren Greulichkeiten weniger wirklich erscheinen zu lassen. Aber in der Verneinung der Realität der Gegenwart lag die Gefahr, die Chance zu übersehen, aus dem Lagerleben etwas Positives zu machen. Die Gegenwart als unwirklich anzusehen war ein wichtiger Faktor, der mitverantwortlich dafür war, daß die Gefangenen ihren Halt im Leben verloren: Alles wurde irgendwie sinnlos. Der gleiche Gedanke läßt sich ebenso auf den Patienten übertragen, der in seiner Krankheit gefangen ist. Viele der Patienten, mit denen ich arbeitete, um beispielsweise eine Multiple Sklerose zu lindern, sagten mir, daß es lohnender sei, sich auf das Machbare statt auf das Unmögliche zu konzentrieren. Wie Viktor Frankl sagt:

> Es ist eine besondere Eigenschaft des Menschen, daß er nur leben kann, wenn er seinen Blick auf die Zukunft richtet. Das ist seine Rettung in den schwierigsten Augenblicken seiner Existenz, auch wenn er sein Gehirn manchmal zu dieser Aufgabe zwingen muß.
> Ich erhielt einst eine dramatische Demonstration der engen Verknüpfung zwischen dem Verlust an Glauben an die Zukunft und der Gefahr des innerlichen Aufgebens. F., mein Blockwart und ein wohlbekannter Komponist und Librettist, vertraute mir eines Tages an: »Ich möchte Ihnen etwas sagen, Doktor. Ich hatte einen seltsamen Traum. Eine

Stimme sagte zu mir, ich solle mir etwas wünschen, ich solle nur sagen, was ich wissen möchte, und alle meine Fragen würden beantwortet werden. Was glauben Sie wohl, was ich fragte? Ich wollte natürlich wissen, wann der Krieg für mich zu Ende sei. Sie wissen, was ich meine, Doktor — zu Ende für mich! Ich wollte erfahren, wann wir, wann unser Lager befreit wird und unser Leiden ein Ende findet.«

»Und wann hatten Sie diesen Traum?« fragte ich.

»Im Februar 1945«, antwortete er. Damals war gerade Anfang März.

»Was hat Ihre Traumstimme geantwortet?«

Verstohlen flüsterte er: »Am dreißigsten März.«

Als F. mir von seinem Traum erzählte, war er immer noch voll Hoffnung und überzeugt, daß seine Traumstimme recht behalten würde. Aber als der angekündigte Tag näherrückte, machten es die Kriegsnachrichten, die unser Lager erreichten, kaum wahrscheinlich, daß wir am versprochenen Tag freikommen würden. Am 29. März wurde F. plötzlich krank und bekam hohes Fieber. Am 30. März, am Tag, an dem seine Prophezeiung das Ende von Krieg und Leid für ihn vorausgesagt hatte, verfiel er ins Delirium und verlor das Bewußtsein. Am 31. März starb er, allem Anschein nach an Typhus.

Wer um die enge Beziehung weiß zwischen dem inneren Zustand eines Menschen — seinem Mut, seiner Hoffnung, oder dem Mangel daran — und den Immunkräften seines Körpers, der wird verstehen, daß der plötzliche Verlust von Hoffnung und Mut tödlich wirken kann. Letztendlich war die Ursache des Todes meines Freundes, daß die erwartete Befreiung nicht eintrat und er in höchstem Maße enttäuscht war. Dies senkte augenblicklich die Widerstandskräfte seines Körpers gegen die jüngste Typhus-Infektion im Lager.

Es ist lebenswichtig, sich nicht nur ein Ziel, sondern mehrere Ziele zu setzen. Die Gefahr bei nur einem Ziel liegt darin, daß Sie es erreichen, sich dann umschauen und überlegen, was als nächstes zu tun ist. Ich habe oft gesehen, wie schwerkranke Menschen sich zum Ziel setzten, Weihnachten zu erleben, vielleicht im Glauben, es könne ihr letztes im Kreise der Familie werden. Ist dieses Ziel erreicht, ragt verschwommen die Aussicht auf ein weiteres Jahr auf, und jetzt fehlt ihnen ein Ziel. Während der ersten beiden Monate nach Neujahr liegt unter meinen Patienten die Sterblichkeitsrate am höchsten, und ich vermute, daß das zurückliegende »Ziel« Weihnachten dafür die Ursache ist.
Ein Herr hatte einmal Anfang Januar einen Termin bei mir. Kurz vor dem Termin erhielt ich einen Brief von seinem Partner: »Gary verließ das Krankenhaus zu Weihnachten, kehrte am zweiten Weihnachtsfeiertag zurück und starb. Es ist merkwürdig, aber er wiegte sich nur in dem *Glauben*, er würde kurz vor Weihnachten sterben. Es scheint, als ob er sich gerade noch lange genug ans Leben klammerte, um ein letztes Weihnachten mit seiner Familie zu verbringen.«
Hieraus wird deutlich, daß es möglicherweise nicht ausreicht, Gründe zu haben, um am Leben zu bleiben. Vielmehr ist auch der Lebenswille nötig. Der Wille repräsen-

tiert unsere Gefühle, und wenn wir uns in Konflikt zwischen Vernunft und Willen befinden, werden stets unsere Gefühle die Oberhand behalten. Der Lebenswille, die Liebe zum Leben, eine positive Haltung, spirituelle Gelassenheit, mentale Imagination von Heilung und Hoffnung: Sie alle sind die Schlüssel zur ergänzenden mentalen Methode. Dr. Alec Forbes schreibt in der Einführung zum Krebsheft des Bristoler Krebshilfe-Zentrums und zu seiner nicht-toxischen Behandlungsweise:

> Nach meiner Erfahrung macht chronische Krankheit ein neues Wertesystem erforderlich: Eine Neueinschätzung auf den tiefsten Ebenen der spirituellen, geistigen und emotionalen Einstellungen eines Individuums. Immer wieder konnte ich feststellen, daß Menschen, die ihre Lebensweise aktiv ändern, häufiger wieder gesund werden, als diejenigen, die sich passiv treiben lassen und nur wenig oder gar nicht an der Behandlung ihrer Krankheit teilnehmen ...

All diese Gesichtspunkte und andere, die ich im Vorausgegangenen beschrieben habe, hat eine Frau angewendet, die im Nordwesten Englands zu einer Art Legende geworden ist: Pat Seed. 1977 teilten ihr die Ärzte am Christie-Hospital in Manchester mit, daß sie Krebs habe. Sie gaben ihr noch ein halbes Jahr. Während ihres Krankenhausaufenthaltes besuchte sie auch die Kinderstation. Die Tatsache, daß diese Kinder niemals die Freude kennenlernen würden, die sie selbst mit ihrem Mann und ihren eigenen Kindern erlebt hatte, berührte sie sehr. Pat Seed fand dann heraus, daß das Krankenhaus keinen

Röntgenscanner besaß und daß dem National Health Service keine ausreichenden Mittel zur Verfügung standen, um ihn anschaffen zu können. Sie faßte den Entschluß, das Geld dafür aufzutreiben, und wenn es das letzte wäre, was sie in ihrem Leben tun würde. Zu diesem Zeitpunkt war ihr noch nicht klar, daß ein Gerät drei Millionen Mark kostet.
Neun Monate nachdem sie ihre Kampagne zur Beschaffung der Geldmittel gestartet hatte, wurde ihr bewußt, daß ihre Zeit laut ärztlicher Prognose schon längst abgelaufen war. Pat Seed machte weiter und brachte insgesamt zwölf Millionen Mark zusammen. Für ihre Bemühungen wurde ihr der Orden des British Empire verliehen. Ironie des Schicksals: Ihre Kampagne versorgte Pat Seed mit der Art von Heilmittel, das ihr alle Medizin und Technologie der Welt nicht bieten konnte. Sie besiegte den Krebs.
1983 gab der Chefarzt für diagnostische Strahlenkunde am Christie-Krankenhaus zu:

> Ohne diese Hingabe an ihre Unternehmung ist es sehr zweifelhaft, ob Pat heute noch unter uns wäre. Daß sie noch lebt, entzieht sich jeder medizinischen Erklärung. Als sie zu uns kam, konnten wir ihr keine Behandlungsmethode anbieten, die ihr Leben um sechs Jahre verlängert hätte. Ich glaube, sie überlebte den Krebs, weil sie verzweifelt entschlossen war zu leben, weil sie etwas Großes vorhatte, und nachdem sie damit begonnen hatte, leben wollte, um das gute Ende der Sache zu erleben.
> Es wäre ein Fehler, wenn ich als Arzt mit alledem andeuten wollte, ein wenig Kampfgeist sei schon

genug, um den Krebs besiegen, aber dem steht die Tatsache entgegen, daß wir hie und da einen Patienten bekommen, der genau dies zu tun scheint. Pat ist eine Inspiration für uns alle.

Pat selbst erklärt dazu:

> Eines Tages merkte ich plötzlich, daß ich drei Monate länger gelebt hatte, als ich eigentlich sollte. Ich war so beschäftigt, daß ich nicht einmal Zeit hatte, ans Sterben zu denken. Die Entdeckung eines Lebenssinnes und das vollständige Aufgehen in ihm — das sehe ich heute — ließ mich den Kampf aufnehmen. Es ist alles eine Frage der inneren Einstellung. Ich habe von zwei Krebspatienten gehört, denen man wie in meinem Fall nur noch sechs Monate zu leben gegeben hatte.
> Einer von ihnen ging nach Hause, traf alle Vorbereitungen für sein Begräbnis und starb vierzehn Tage später. Der andere ging nach Hause, schaute seine sieben Kinder an und dachte: »Wie um alles in der Welt werden sie durchkommen, wenn ich gehe?« Jetzt, 20 Jahre später, sind diese Kinder erwachsen geworden und er lebt immer noch. Während dieser ganzen Zeit war es meine Philosophie, mir einen Tag nach dem anderen vorzunehmen. Wenn Krebspatienten bei mir um Rat fragen, hoffe ich immer, ihren Kampfgeist wecken zu können.

Sie fuhr fort und sagte, am wichtigsten sei ihr die Liebe und die Unterstützung ihres Mannes Geoff gewesen: »Er war der Fels, an den ich mich anlehnen konnte, der ein-

zige Mensch, dem ich jeden meiner Gedanken anvertrauen konnte.«
Tragisch ist, daß Geoff Seed 1984 bei einer Explosion in einer Pumpstation in Abbeystead in Lancashire getötet wurde. Einige Monate später starb Pat Seed an Nierenversagen.
Pat Seed sollte jedermann ein Beispiel geben, denn sie demonstrierte auf dramatische Weise, daß man Krebs besiegen kann. Ihre Geschichte macht ganz deutlich: Wer ein Ziel hat, kann es schaffen. Ihr Kommentar über ihren Mann, der offensichtlich ein Ruhepol der Kraft gewesen war, spiegelt wider, was ich schon an früherer Stelle in diesem Buch gesagt habe.
Es ließe sich einwenden, daß ihr Rat, jeden Tag von neuem zu beginnen, nicht ganz mit dem Konzept des Zielesetzens vereinbar ist. Pat Seed hatte ganz klar ein Ziel vor Augen und nahm sich dennoch jeden Tag einzeln vor. Sie lebte in der Gegenwart und, wie Viktor Frankl sagt: Es ist wesentlich, genau das zu tun, statt den Blick rückwärts zu wenden.

6. *Denken und handeln Sie positiv. Lernen Sie zu lieben und zu verzeihen.*

Mehrere Studien ergaben, daß der krebsanfällige Mensch neben Gefühlen der Verlassenseins auch unter einem geringen Selbstwertgefühl leidet und an der Unfähigkeit, negative Gefühle auszudrücken. Wie ich schon im zweiten Kapitel ausführte, haben viele meiner Patienten ein schwaches Selbstbild, und ich machte zahlreiche Vorschläge, die Liebe und Verzeihen wecken sollen. Wenn es auch verallgemeinernd klingt, so habe ich doch

den Verdacht, daß Krebspatienten dazu neigen, ihre Gefühle in sich hineinzufressen.
Wenn ein Patient mit seinem Partner erstmals ins Zentrum kommt, redet der Partner häufig mehr als der Patient. Wenn ich dem Patienten eine Frage stelle, wird der Partner für ihn antworten, fast wie bei einem Bauchredner. »Es ist so ungerecht«, sagen sie mir, »mein Mann war sein ganzes Leben lang ein so guter Mensch. Er war in Schulausschüssen, trieb Geld für wohltätige Zwecke auf, war immer der perfekte Gentleman und half alten Damen über die Straße. Und, wissen Sie, niemals in all den Jahren ist er einmal mürrisch gewesen oder hat seinen Gleichmut verloren.«
Die Frau hat mir viel mehr gesagt, als ihr bewußt ist. Ihr Mann gehört zu den Menschen, die anderen nicht zeigen, daß sie wütend, traurig oder verletzt sind. Oft sehen die Menschen in ihm einen Heiligen. Diese Menschen leiden schon lange. Ironischerweise jedoch ist diese großmütige Güte in Wahrheit ein Zeichen für das geringe Vertrauen in die eigene Ausdrucksfähigkeit.
Wenn Sie sich als Kind geliebt fühlen, dann haben Sie meist auch keine Schwierigkeiten damit, sich selbst auszudrücken. Wenn Sie sich jedoch nicht geliebt fühlen, dann fühlen Sie sich vielleicht bedroht und ängstlich, wenn Sie Ihre tiefsten Empfindungen preisgeben sollen, und fressen sie in sich hinein. Wenn Sie darüber hinaus das Gefühl haben, daß Ihre Eltern, Ihre Frau oder Ihr Mann Sie nicht lieben, übernehmen Sie in Ihrem Denken die Verantwortung dafür und stempeln sich selbst als nicht liebenswert ab. Zur Kompensierung des empfundenen Mangels an Liebe versuchen Sie, die Liebe Ihrer Umgebung zu gewinnen, indem Sie ihr zu Gefallen sein wol-

len. Folglich sind Krebspatienten oft »zu gut, um wahr zu sein«. Ihr hilfsbereites und selbstloses Verhalten will sagen: »Bitte liebt und akzeptiert mich.«
Ich glaube, daß Verzeihen von zentraler Bedeutung für den Heilungsprozeß ist. Wenn eine Ihrer Beziehungen zerbrochen ist und Sie noch Gefühle von Wut, Groll und Bitterkeit hegen, dann schaden Sie nur sich selbst. Diese Gefühle haben keine Wirkung auf den ehemaligen Partner. Groll sagt nichts anderes aus, als daß Sie für den Verlust von Liebe und Zuwendung keine Verantwortung übernehmen wollen.
Eine einfache, aber wirksame Übung, die Ihnen helfen kann, zu lieben und loszulassen, läßt sich während einiger ruhiger Augenblicke am Ende des Tages durchführen. Denken Sie zuerst an drei Dinge, für die Sie dankbar sind; denken Sie dann an drei Dinge, die Sie verzeihen oder loslassen; und schließlich: Denken Sie an drei Dinge, von denen Sie wünschen, daß Sie in Ihrem Leben noch geschehen werden.

7. *Klopfen Sie sich im Geiste auf die Schulter.*

Dies zur Bekräftigung, daß Sie etwas *tun*, um sich selbst zu helfen.

Nachdem ich nun jeden einzelnen der sieben Punkte, die ich im Selbstheilungsprogramm meiner Patienten verwende, aufgezählt und beschrieben habe, wird Ihnen klar sein, daß nicht alle von ihnen auf Ihre besondere Situation anwendbar sind. Es geht darum, die Punkte auszuwählen, die in Ihrer Situation hilfreich sind, und dann mit ihnen zu arbeiten.

Was die Imaginationstechnik betrifft, so darf man einige wichtige Aspekte nicht aus dem Auge verlieren. Es gibt sicherlich eine richtige und eine falsche Methode der Imagination. Ich habe oft feststellen können, daß Kinder besser visualisieren können als Erwachsene — wahrscheinlich, weil Kinder eine größere Phantasie besitzen und sie noch nicht so sehr zum rationalen, analytischen und logischen Denken erzogen worden sind. Ich behandelte einmal ein junges Mädchen, das Tumoren an zahlreichen Nervenendungen im ganzen Körper hatte. Ich erinnere mich, wie ich der Mutter des Mädchens die Imaginationstechnik erklärte und sie mich ungläubig anstarrte, als ob sie sagen wollte: »Wie können Sie glauben, daß mein kleines Mädchen so etwas begreift?« Ich wandte mich daraufhin um und erklärte sie dem Kind mit so einfachen Worten, wie ich nur konnte. Sie verstand fast augenblicklich. Als sie einige Wochen später wiederkam, erzählte sie mir, was sie visualisiert hatte.

Ihre Tumoren waren Käsescheiben und ihre weißen Blutkörperchen weiße Mäuse. Mehrere Male am Tag kamen die weißen Mäuse und knabberten an den Käsescheiben. Wenn sie noch Schmerzen hatte, versuchte sie manchmal die weißen Mäuse zu visualisieren, wie sie sich auf das Motorrad ihres Vaters schwangen, um schneller von einem Stück Käse zum anderen zu fahren. Diese Art der Imagination war perfekt, weil die Tumoren als etwas Wehrloses imaginiert wurden, und das Immunsystem durch Mäuse, die die Tumoren rasch auffressen konnten. In der Folgezeit haben meine erwachsenen Patienten die gleiche Imagination verwendet und weiße Mäuse und Ratten als doppelt wirksam empfunden, weil sie schnell Junge kriegen und sich vermehren. Symbolisch gesehen bedeutet das natürlich eine Kräftigung des Immunsystems.

Erst kürzlich behandelte ich einen sechsjährigen Jungen, der unter Diabetes litt: Seine Bauchspeicheldrüse produzierte nicht genügend Insulin. Es ist vielleicht anfangs nicht so einfach, sich dieses Organ vorzustellen. Der junge Mann jedoch zauberte ein wunderbares Bild hervor, in dem die Bauchspeicheldrüse durch eine Fabrik symbolisiert wurde. Orangen zwecks Saft- oder Insulingewinnung wurden dort ausgepreßt. Leider waren die Fabrikarbeiter ziemlich faul und machten ständig Teepausen; folglich war die Saftproduktion viel geringer, als sie es hätte sein können. Bei seinen Imaginationsübungen stellte er sich vor, wie diese Arbeiter zur Erhöhung der Produktivität mehr Orangen auspreßten, damit sich der Insulinspiegel erhöhte.

Diese Beispiele eignen sich hervorragend, aber es können sich auch andere Bilder einstellen, die ganz einfach nicht funktionieren werden, wenn sie auch gleichzeitig sehr klare Botschaften darüber abgeben, wie Sie sich wirklich fühlen.

Vor einigen Jahren arbeitete ich mit einem Mann in mittleren Jahren, der wegen eines großen Lungentumors in die Behandlung gekommen war. Als er zum ersten Mal zu mir kam, erzählte er mir, wie nützlich er meine Kassetten gefunden und daß er sie regelmäßig angehört habe. Ich bat ihn, mir seine Visualisierungen zu beschreiben.

Sein Tumor, sagte er, sei durch einen Eisberg symbolisiert, und die Abwehrkräfte seines Körpers seien durch ihn selbst dargestellt, wie er mit einem Eispickel bewaffnet neben dem Eisberg stehe und die Eismasse zu zerhacken versuche. Dieses Bild war nutzlos, weil es unmöglich ist, den Eisberg allein zu zerstören. Es vermittelte andererseits eine klare Einsicht darüber, was er in Wirklichkeit, vielleicht unbewußt, von seiner Krankheit hielt: Er war zu einer Scheinanstrengung bereit, aber er »wußte«, daß er es nicht schaffen würde. Ich erklärte ihm, warum das kein geeignetes Bild sei, und in der folgenden Woche kehrte er zurück. Dieses Mal war der Tumor ein Baumstumpf, der seine Wurzeln in seine Brust hinabsenkte. Seine weißen Blutkörperchen wurden durch Schneeflocken symbolisiert, und mehrmals täglich visualisierte er einen Schneesturm, der den Baumstumpf vollständig bedeckte. Wiederum war dies völlig nutzlos, weil das Problem nur zugedeckt wurde, statt beseitigt oder verwandelt zu werden. Er starb nicht lange danach, und ich glaube, er wußte, daß er sterben würde und daß dies seine Imagination beeinflußt hatte. In der Folge habe ich bei zahlreichen Gelegenheiten festgestellt, daß ein Patient von einem bestimmten Moment an mit dem Visualisieren aufhört, oder daß keine Bilder mehr auftauchen, trotz aller offensichtlichen Anstrengungen. Ausnahmslos starben die Patienten nicht lange danach. Dennis Jaffe, Leiter der Family Health Clinic in Los Angeles, wendet Imaginationstechniken an, um Informationen über die Krankheiten seiner Patienten zu sammeln. Diese Bilder, so Jaffe, können eine tiefere Bedeutung enthalten und geben manchmal Hinweise auf die Art der Krankheit, unter der die Person leidet. Jaffe ermutigt seine Patienten, mit solchen Bildern einen Dialog zu führen, damit sie entdecken, daß sie die Kraft haben, von ihren Symptomen zu lernen.

Obwohl ich meinen Patienten stets gerne visuelle Bilder vorschlage, ist es mir lieber, daß sie zuerst versuchen, ihre eigenen Bilder zu entwickeln. Dieser Vorgang hat nichts mit Konzentration zu tun, mit Atemanhalten oder Stirnrunzeln. Es ist ein Entspannungs- und Loslaß-Prozeß. Patienten, die mit dem Visualisieren Schwierigkeiten haben, konzentrieren sich für gewöhnlich zwei oder drei Wochen lang auf die Imaginationsübungen und werden dann immer ungeduldiger, weil nichts passiert. Genau in dem Augenblick, wo sie überzeugt sind, daß es für sie keinen Sinn habe, tauchen die Bilder ganz spontan auf, einfach weil sie aufgehört haben, sich zu konzentrieren. Ich könnte es mir leichtmachen und ihnen ein Bild vorschlagen, aber es ist mir lieber, sie durchleben diesen Prozeß selbst, weil ein Bild, das in meinen Augen für Kraft und Entschlossenheit steht, für einen anderen Menschen durchaus z. B. Wut und Groll symbolisieren kann. Darüber hinaus werden schöpferische Energien geweckt, wenn man eigene Bilder produziert — Energien, die die Heilung unterstützen. Die nun folgenden Vorschläge zur Imagination sollten deshalb nur als erläuternde Beispiele betrachtet und nur verwendet werden, wenn es nicht anders geht.

Die Mehrzahl meiner Krebspatienten arbeitet offensichtlich mit Bildern, in denen Wasser eine Rolle spielt. Typischerweise visualisieren sie die Krebszellen als schwache, verwirrte und orientierungslose, graue Fische. (Es gibt eine Tendenz, Krebszellen als schwarzgefärbt zu visualisieren, was ich wegen der negativen emotionellen Nebenbedeutungen, die damit einhergehen, nicht gutheiße.) Diese desorientierten und schwachen Fische werden dann von Schwärmen von Piranhas oder Haien gefressen, die die weißen Blutkörperchen symbolisieren. Bei gleichzeitiger chemotherapeutischer Behandlung stellen sich die Patienten manchmal vor, ein Tanker mit einer Ladung von Giftfässern fahre über sie hinweg. Eines der Fässer löst sich und ergießt seinen Inhalt ins Wasser. Die Gifte verteilen sich im Wasser, töten die kleinen Fische, während die großen, starken Raubfische davon unberührt bleiben.

Ich behandelte einmal einen Mann, der unter einer Form der Leukämie litt, bei der das Blut zu viele weiße und nicht genügend rote Blutkörperchen enthielt. Das sorgte natürlich für einige Verwirrung, weil man sich normalerweise kraftvolle weiße Blutkörperchen vorstellen soll. Nachdem er mehrere Tage erfolglos versucht hatte, wirksam zu visualisieren, sah er eines Abends im Fernsehen einen Western. Das brachte ihn auf die Idee zu einem Bild, das er anschließend verwendete. Seine weißen Blutkörperchen wurden durch Cowboys symbolisiert, seine roten Zellen durch Indianer. Während seiner Visualisierungsübungen stellte er sich beide Seiten im Kampf miteinander vor, aber es waren stets die Cowboys, die verletzt und getötet wurden, und die Rothäute, die als Sieger den Kampfplatz verließen. Dann unterzog er sich einer Chemotherapie, bei der er Tabletten einnehmen mußte. Er baute sie als Kisten voll Waffen und Munition in seine Bilder ein, die stets den Indianern in die Hände fielen und von ihnen gegen die Cowboys eingesetzt wurden, um noch mehr von ihnen zu beseitigen. Innerhalb von Wochen begann sich sein Blutbild zu stabilisieren, besser als in den achtzehn Monaten zuvor.

Natürlich hilft Visualisieren nicht nur bei Krebs. Ich habe ein breites Spektrum von Tonkassetten besprochen. Sie befassen sich mit einer Vielzahl von Problemen, die positiv auf Entspannungs- und Visualisierungstechniken an-

sprechen: Knochen- und Gelenkentzündung, Allergien, Bluthochdruck, Schmerzen, Angstzustände etc.
Viele Menschen, die unter Bluthochdruck leiden, hegen verdrängte Gefühle von Wut, Bitterkeit oder Angst, verbergen aber innere Feindseligkeit hinter einer Maske von Beherrschtheit und Gleichgültigkeit. Dieser innere Konflikt verstärkt den Streß und treibt den Blutdruck hoch. Studien aus Europa und den USA zeigen, daß Bluthochdruck überdurchschnittlich häufig bei Menschen vorkommt, die beruflich viel Verantwortung tragen müssen. Es gibt zahlreiche Beweise dafür, daß hoher Blutdruck durch Entspannungstechniken gesenkt werden kann, aber kaum Untersuchungen darüber, daß zusätzliche Imaginationsübungen eine sogar noch spürbarere Reduktion bewirken können. Dr. Kenneth Pope vom Brentworth Veterans Administration Hospital in Kalifornien brachte einer Gruppe von Bluthochdruck-Patienten bei, sich vorzustellen, daß sich ihre Blutgefäße erweitern, während sie in einem Zustand der Entspannung verharren. Er fand dabei heraus, daß sich so der Blutdruck viel wirksamer senken ließ als bei einer anderen Gruppe von Patienten, die nur Entspannungstechniken anwandten.
Viele Patienten, die unter Allergien leiden, haben durch Visualisieren beträchtliche Besserungen erfahren. Obwohl es noch keine allgemeine Übereinstimmung über die eigentliche Ursache einer allergischen Reaktion gibt, herrscht dennoch die verbreitete Überzeugung, daß bis zu einem Drittel der Bevölkerung eine angeborene Disposition besitzt, wenn auch die Krankheit nur bei einer weit geringeren Zahl tatsächlich zum Ausbruch kommt. Es scheint, als ob Zeiten mit außergewöhnlicher Streßbelastung häufig als Auslöser in Frage kommen. Das Immun-

system gerät dann völlig durcheinander: Statt Bakterien, Bazillen, Infektionen, Viren etc. zu bekämpfen, greift es sich selbst an. Nehmen wir als Beispiel einen Menschen, der auf Brot allergisch reagiert.

Stellen Sie sich Ihre weißen Blutkörperchen als Infanterie-Soldaten vor, und nun — während Sie sich vorstellen, Sie würden ein Stück Brot essen — visualisieren Sie, wie unter den Soldaten plötzlich eine Meuterei ausbricht und diese sich gegenseitig angreifen. Sehr rasch kommen mächtige Generäle und Offiziere auf gewaltigen weißen Pferden hinzu und gehen dazwischen. Sie schießen in die Luft und brüllen die Fußsoldaten an, die Reihen gefälligst wieder zu schließen. Letztere gehorchen den Anweisungen der Offiziere, die eine Art »Super«-Immunsystem repräsentieren, und verhalten sich wieder friedlich. Stellen Sie sich dann noch einmal vor, wie Sie eine Scheibe Brot essen, jetzt unter den Augen der Offiziere. Dieses Mal verhalten sich alle Soldaten ruhig, es gibt keine Rebellion. Wenn Sie zwei oder drei Wochen lang diese Form der Imagination geübt haben, essen Sie tatsächlich ein Stück Brot, während Sie visualisieren. Diese Imaginationstechnik hat sich als höchst wirksam erwiesen, nicht nur bei einer oder zwei unbedeutenderen Allergien, sondern auch bei einer Vielzahl von Menschen, die unter multiplen Allergien leiden.

Eine ähnliche Form der Imagination erweist sich bei der Überwindung von Angstzuständen als hilfreich. Nehmen wir das Beispiel eines Menschen mit Agoraphobie, der deshalb Schwierigkeiten hat, einzukaufen. Setzen Sie sich entspannt hin und denken Sie an irgend etwas, das Sie in einem Ihnen bekannten Laden kaufen möchten, beispielsweise ein Buch. Stellen Sie sich nun vor, wie

Sie in aller Ruhe Ihren Mantel anziehen und zur Haustür hinausgehen. Visualisieren Sie, wie Sie beim Verlassen des Hauses einen tiefen Atemzug tun und dann die Straße hinunter durch die Stadt zum Buchladen gehen.
Wenn Sie an irgendeinem Punkt das Gefühl haben, sich zu verkrampfen, machen Sie eine bewußte Anstrengung, sich zu entspannen, indem Sie tief durchatmen und sich daran erinnern, daß Sie sich alles nur vorstellen — Sie tun das alles ja nicht wirklich. Stellen Sie sich vor, wie Sie immer noch in aller Seelenruhe in den Buchladen gehen, gemütlich in den Regalen stöbern, bis Sie das gesuchte Buch finden. Sie nehmen das Buch, gehen zur Kasse und bezahlen, lächeln den Kassierer an und verlassen den Laden. Visualisieren Sie, wie Sie dabei entspannt und gelassen bleiben; konzentrieren Sie sich auf Ihre Atmung und stellen Sie sich vor, wie Sie mit dem Buch den Heimweg antreten. Wenn Sie das mehrere Male im Laufe von einer oder zwei Wochen praktiziert haben, machen Sie tatsächlich diesen Weg, der bisher nur in Ihrem Geist stattgefunden hat. Wenn Sie spüren, daß Sie sich an irgendeiner Stelle verkrampfen oder anspannen, denken Sie an die einfache Entspannungstechnik des tiefen Durchatmens. Wenn Sie erst den Laden einmal erreicht haben, wird sich die Angst aller Wahrscheinlichkeit nach aufgelöst haben.
Ich habe auch herausgefunden, daß verschiedene rheumatische Zustände gut auf die Imaginationstechnik ansprechen; zumindest lassen häufig Entzündung und Schmerzen nach, auch wenn sich nicht unbedingt eine größere Beweglichkeit der Gelenke einstellt. Unter den über 200 verschiedenen Rheuma-Formen zählt die Arthrose zu den häufigsten. Ihre Ursache liegt gewöhnlich

in einer Gelenkabnutzung, die sich durch Abbau schützender Gelenkknorpel zeigt. Dies führt zu entzündlichen Prozessen. Knorpelmasse wird durch Kalziumablagerungen ersetzt, und die Knochen reiben ohne den Schutz der Knorpelschicht aneinander. Bei der Visualisierung kann man sich ähnlicher Bilder wie beim Krebs bedienen; stellen Sie sich beispielsweise die Kalziumablagerungen als Eiskristalle vor, und visualisieren Sie die weißen Blutkörperchen als Männer, die mit Flammenwerfern bewaffnet die Eisablagerungen abschmelzen.

Im Verlauf der Behandlung von Hunderten von Patienten hatte ich stets das Gefühl, daß die Qualität des Lebens die zentrale Rolle bei allen Überlegungen spielt. Und sicherlich bin ich heute der Überzeugung, daß Lebens-Qualität letztlich wichtiger ist als -Quantität. Eine der größten Beeinträchtigungen dieser Qualität ist Schmerz. Ich habe das Gefühl, daß ich dennoch etwas erreicht habe, wenn ich für jemanden nicht mehr tun kann, als nur seinen Schmerz zu lindern. Sie können mit einem arthritischen Gelenk oder einem Rückenproblem viel leichter leben, wenn Sie schmerzfrei sind. Es gibt eine enge Verbindung zwischen Schmerz und Spannung. Wenn bei Ihnen beispielsweise ein Nerv zwischen zwei Bandscheiben im Rücken eingeklemmt ist, werden sich alle Muskeln in diesem Bereich zusammenziehen, um den Nerv vor weiteren Schädigungen zu bewahren. Obwohl der Körper mit dieser Absicht erfolgreich ist, bleibt jedoch als Konsequenz, daß sich Bandscheiben und Nerv nicht mehr in ihre angestammte Lage zurückbewegen können, was bedeutet, daß der Schmerz bestehenbleibt. Schmerz erzeugt unweigerlich Spannung, und Spannung verschlimmert unweigerlich die Schmerzen. Einfaches Entspannen zählt somit zu den wirksamsten Schmerzbekämpfungsmitteln. Bei zahlreichen Gelegenheiten haben sich zwei Visualisationstechniken als sehr nützlich erwiesen.

Die erste ist relativ einfach. Stellen Sie sich vor, Sie wandern durch einen schönen Garten, angefüllt mit Blumen und exotischen Pflanzen. Ein glitzernder, sprudelnder Bach bahnt sich seinen Weg durch den Garten, Wasser fließt über glattpolierte Steine. Stellen Sie sich vor, Sie sitzen am Rande dieses Bachs und lassen Ihre Füße im Wasser baumeln. Sehen Sie, wie Ihre Schmerzen durch die Füße aus Ihrem Körper gewaschen werden und flußabwärts davongespült werden, so wie Schlamm von einem schmutzigen Kiesel flußabwärts gewaschen wird.

Die zweite Visualisationstechnik hat sich als sehr wirksam erwiesen, obwohl ich nicht behaupten kann, daß ich wüßte, warum. Sie wurde von Norman Shealy entwickelt, außerordentlicher Professor für Neurochirurgie an den Universitäten von Wisconsin und Minnesota und Leiter des bekannten Schmerz-Rehabilitationszentrums in La Crosse, Wisconsin, USA. Stellen Sie sich zu Anfang vor, wie der Schmerz aussieht. Stellen Sie sich Größe, Gestalt und Farbe vor — häufig wird sich der Schmerz als rote, pulsierende Kugel zeigen. Nun stellen Sie sich vor, wie Sie den Schmerz aus Ihrem Körper nehmen und einige Meter vor Ihnen in der Luft schweben lassen. Lassen Sie ihn wachsen und so groß werden, wie er will. Wenn er in Ihrem Körper die Größe einer Orange hatte, bläht er sich nun vielleicht zur Größe eines roten und glühenden Fußballs auf. Visualisieren Sie nun, wie das Leuchten des Balls nachläßt und nun eher rosa statt rot erscheint, bevor er anfängt, kleiner zu werden. Lassen Sie die Kugel nun so klein werden, wie sie will. Vielleicht wird sie zur ursprünglichen Größe schrumpfen, oder, sagen wir, die Größe eines Tischtennisballs annehmen. Stellen Sie sich nun vor, daß seine rosa Farbe verblaßt und sich in ein entspannendes Blaßgrün verwandelt. Wenn Sie sich die Kugel eine Weile so vorgestellt haben, visualisieren Sie, wie Sie die grüne Kugel wieder in Ihren Körper einsetzen, an die Stelle, wo Sie zuvor die rote Kugel herausgeholt haben. Vielleicht stellt sich keine dauerhafte Schmerzlinderung ein, aber kurzfristig ist die Übung sicherlich wirksam. Ich kann nur vermuten, daß der Grund dafür in einer Beziehung zwischen unseren emotionalen Reaktionen und unterschiedlichen Farben zu suchen ist.

Eine der wirksamsten mir bekannten Methoden der Schmerzbekämpfung bedient sich nicht der Imagination. Man könnte sie vielleicht als »Schmerz durch Freude ersetzen« bezeichnen. Obwohl es unwahrscheinlich klingt, funktioniert sie gut. Ich behandelte einmal eine Dame, die einige Jahre zuvor in einen Autounfall verwickelt war und dabei ernste Rückgratverletzungen davontrug: Ständige, kaum erträgliche Schmerzen in Rücken und Beinen waren die Folge. Aus Angst, der Schmerz könne sich verschlimmern, wenn sie nach draußen ginge, ließ sie sich sieben Jahre lang ans Haus fesseln. Nach mehreren Heilungssitzungen mit mir hatten ihre Schmerzen stark nachgelassen, wenngleich sie immer noch spürbar waren. Nach einigen weiteren Sitzungen wurde deutlich, daß ich ihr nicht weiter helfen konnte. Ich fing an, den Verdacht zu hegen, daß sie sich an ein Leben mit dem Schmerz gewöhnt hatte und mehr unter der Angst vor dem Schmerz litt als unter dem Schmerz selbst.

Ich schlug vor, daß ihr Mann sie einmal mit zum Einkaufen nehmen solle, was sie seit ihrem Unfall jahrelang nicht mehr getan hatte. Sie rang vor Schreck ihre Hände und rief, daß sie unmöglich etwas Derartiges tun könne. Gegen Ende der Woche besann sich ihr Mann auf meinen Vorschlag und nahm sie am Samstagmorgen zum Einkaufen in die kleine Stadt mit. Fast drei Stunden lang war sie schmerzfrei, zum ersten Mal seit sieben Jahren. Ihre Aufmerksamkeit war drei Stunden lang von sich selbst und ihrem Rücken abgelenkt und ihrer Umgebung zugewandt. Es ist eine Tatsache, daß viele Menschen mit chronischen Schmerzen aus freien Stücken zu Hause bleiben, mit der Folge, daß sie sich ständig selbst beobachten und fragen, ob der Schmerz nun besser oder schlimmer ist als noch eine halbe Stunde zuvor.

Der Fall, den ich geschildert habe, ist keineswegs ungewöhnlich. Menschen überwinden oft gewaltige Hindernisse, wenn ihre Aufmerksamkeit von ihnen selbst abgelenkt ist. Terrie Hayes ist ein Teenager aus South Yorkshire, deren beide Beine unterhalb des Knies amputiert worden sind. Sie hatte eine Tapferkeitsmedaille bei *Barnardo's Champion Children of the Year* gewonnen und sollte einen weiteren Preis aus den Händen Prinzessin Dianas entgegennehmen. Vor der Verleihungszeremonie fehlte Terrie wegen Schmerzen in den Beinen drei Tage lang in der Schule. Als der große Tag da war, lagen die Dinge anders. »Ich kann mich an nichts mehr erinnern, worüber wir geredet haben, aber das Gespräch mit der Prinzessin ließ mich die Schmerzen vergessen«, sagte sie. »Nichts hätte mich davon abhalten können, heute zu kommen und die Prinzessin zu sehen.«

Wenn wir uns müde, abgespannt, deprimiert oder un-

wohl fühlen, empfinden wir Schmerz natürlich viel intensiver als inmitten einer aufregenden Situation.
Sportler und Frauen erleiden manchmal ernsthafte Verletzungen, ohne sich dessen bewußt zu sein, bis das Ereignis vorüber ist.
Vielleicht die verbreitetste Ursache für Schmerzen ist der »schlimme Rücken«. Eine Teilnehmerin an einem meiner Seminare erzählte mir einmal eine faszinierende und amüsante Geschichte. Sie hatte einen Bandscheibenvorfall erlitten — ein in den meisten Fällen sehr schmerzhaftes Geschehen. Man hatte ihr geraten, einige Wochen lang auf einer harten Unterlage oder auf dem Boden zu liegen. Sie wußte, daß dies der schulmedizinischen Behandlungsweise in einem solchen Fall entsprach, da sie selbst von Beruf Physiotherapeutin war. Sie hatte deshalb sehr ruhig auf dem Boden gelegen, um der Natur ihren Lauf zu lassen, als ihr einfiel, daß ihr Visualisieren bei einer rascheren Genesung helfen könnte. Während sie sich entspannte und damit begann, ihr Rückgrat zu visualisieren, formte sich vor ihrem geistigen Auge ein klares und anatomisch detailgetreues Bild ihrer Wirbelsäule. Sie bemerkte eine einzelne Bandscheibe, die nicht auf die anderen ausgerichtet war und auf einen Nerv drückte. Sie überlegte gerade, welches Bild wohl am geeignetsten sei, um die Bandscheibe wieder an ihren Platz zu bitten, als etwas Unerwartetes geschah, das sie nicht bewußt provoziert hatte. Es war so lustig, daß sie lachen mußte. Der Teebeutel-Mann, eine bekannte Figur aus Fernseh-Werbesendungen, kam ihre Wirbelsäule heruntergewandert und schleppte eine Rasenwalze hinter sich her! Als er den geschädigten Bereich erreicht hatte, walzte er vorsichtig die Wirbelsäule, bis die widerspenstige Bandscheibe

wieder an ihren Ort »gedrückt« war. Nach ein paar Tagen war sie wieder auf den Beinen und arbeitete schmerzfrei. Ich glaube, dieses Beispiel ist besonders interessant, weil es zeigt, daß unser Unterbewußtsein mit Bildern für das Visualisieren aufwartet, wenn man sie zuläßt. Es geht nicht so sehr um das *Herbeidenken* eines Bildes, sondern darum, sein spontanes Auftauchen zuzulassen.

Es gab ein interessantes Nachspiel zu dieser Geschichte: Die Physiotherapeutin war genügend beeindruckt von ihrer Erfahrung, um ihre Patienten während der Körperarbeit zur Anwendung von Imaginationstechniken zu ermutigen. Wer während der physiotherapeutischen Behandlung visualisierte, so fand sie heraus, reagierte viel rascher und positiver als die übrigen Patienten.

Ein verbreitetes Mißverständnis in bezug auf das Heilen und tatsächlich auf viele andere ergänzende Heilmethoden besteht darin, daß der Patient glaubt, eine medizinische Behandlung aufgeben zu müssen. Meine eigene Meinung ist, daß es keine einzelne Therapieform gibt, die alle Antworten parat hat, und ich sehe die größten Chancen auf Heilung darin, daß der Patient mehrere Therapiemethoden gemeinsam anwendet: orthodoxe und unorthodoxe.

Ich mache keinen Versuch, meine Patienten auf irgendeine Richtung festzulegen in puncto Behandlungsweise, aber ich kümmere mich oft um Menschen, die sich einer medizinischen Behandlung verweigern wegen ihrer möglichen Nebenwirkungen, ihres Einflusses auf die Lebensqualität oder schlicht aus Angst. Ein großer Teil meiner Krebspatienten hält sich sehr mit der Zustimmung zu einer Strahlen- oder Chemotherapie zurück, wegen der möglichen Nebenwirkungen, die sich als Erbrechen,

Übelkeit oder Haarverlust manifestieren. Ich habe jedoch wiederholt festgestellt, daß Heilen und Selbstheilungstechniken diese unangenehmen Nebenwirkungen mildern oder gar beseitigen können.

Die Erwartung von negativen Nebenwirkungen scheint ein bedeutsamer Faktor bei den Folgereaktionen des Patienten zu sein. Wer das Schlimmste erwartet und mit Übelkeit, Unwohlsein und Haarverlust rechnet, wird mit höherer Wahrscheinlichkeit diese Dinge erleben als jene, die mit aufgeschlossener Haltung die Behandlung beginnen. Wenn Sie sich vorstellen können, daß die Chemotherapie bzw. jegliche medizinische Therapie Ihnen tatsächlich helfen kann, dann werden Sie wahrscheinlich auch viel besser auf sie ansprechen. Besonders interessant sind hier zwei Fälle, an denen auch ich beteiligt war.

Der erste betrifft einen jungen Mann, Andrew Burn, dessen Krebs gleichzeitig mit Chemotherapie und Bestrahlungen behandelt wurde. Seine Medikamente wurden intravenös verabreicht, und man warnte ihn, daß die Behandlung, die im Abstand von drei Wochen sechs Monate lang durchgeführt wurde, zu Erbrechen und Haarverlust führen könne. Er werde sich nach der Verabreichung der Medikamente erst besser fühlen, so wurde ihm mitgeteilt, wenn die nächste Runde kurz bevorstünde. Unter Umständen, die man wohl kaum als ideal bezeichnen konnte, versuchte er während der Medikamentenbehandlung sein Bestes, um sich vorzustellen, wie die Drogen seine Krebszellen töteten. Auch visualisierte er, er sei vollständig gesund und spiele Golf. Obwohl er sein Haar verlor, schienen doch Übelkeit und Erbrechen weit weniger schlimm, als man ihn erwarten ließ, und meist war er

schon achtundvierzig Stunden nach den Spritzen draußen beim Golfspielen.
Als zweites Beispiel will ich Joan nennen. Sie hatte Knochenkrebs, erhielt ebenfalls eine chemotherapeutische Behandlung und war in gleicher Weise über wahrscheinliche Nebenwirkungen informiert worden. Sie war überhaupt nicht glücklich bei dem Gedanken, ihr Haar verlieren zu müssen, auf dessen Pflege und Aussehen sie viel Zeit verwendet hatte. Während ihrer Behandlung visualisierte sie ihr Haar als Kokosfußmatte und stellte sich vor, daß es unter ihrer Kopfhaut zusammengeknotet sei, um vor Ausfall geschützt zu bleiben. Sie behielt ihr Haar!
Einer der größten Verfechter der Selbstheilungsmethodik ist der amerikanische Onkologe Dr. Carl Simonton, der Begründer des Krebsberatungs- und Forschungszentrums in Fort Worth in Texas. Auf der Basis von Beobachtungen bei Frauen, die er mit Bestrahlungen behandelte, begann er sich für die Rolle des Geistes als Antrieb körperlicher Vorgänge zu interessieren. Dabei stellte er fest, daß Frauen, die mit dem Schlimmsten rechneten, die ernstesten Nebenwirkungen zu spüren bekamen. Eine massive Strahlendosis provozierte bei der einen Patientin keinerlei Nebenwirkungen, während bei einer anderen eine sehr kleine Dosis schwerwiegende Reaktionen hervorrief. Weiter stellte er fest, daß japanische Frauen im allgemeinen viel stärker reagierten, was er der tiefsitzenden Angst der meisten Japaner vor radioaktiver Strahlung nach dem Abwurf der Atombombe im Zweiten Weltkrieg zuschrieb.
Viele dieser Ideen fließen heute in die Behandlungsmethoden der Schulmedizin ein. Anästhesisten beispielsweise bringen Patienten, die kurz vor einer Opera-

tion stehen, Entspannungstechniken bei, damit sie später weniger Schmerzen haben. Auch haben Krankenhausangestellte herausgefunden, daß Patienten, die sich entspannen können, weniger schmerzstillende Mittel benötigen.

Eine der größten Krebsforschungsorganisationen begann kürzlich mit einem mehrjährigen Experiment, das den eigentlichen Nutzen der Imaginationstechniken analysieren soll. Eine große Zahl von Frauen mit Brustkrebs werden dabei überwacht. Alle erhalten normale schulmedizinische Behandlung, aber die Hälfte von ihnen wurde gebeten, zusätzlich Entspannungstechniken und Imaginationsübungen anzuwenden, um deren Nutzen feststellen zu können.

Ich bin mir sicher, man wird zumindest entdecken, daß die Patientinnen mit Hilfe dieser Techniken schon bald ihre Motivation zur Genesung aktivieren und ihre Gefühle und Probleme ins Bewußtsein heben, wo sie bearbeitet werden können.

5.
Die spirituellen Aspekte von Krankheit

Über dem Portal eines alten griechischen Tempels finden wir die Worte des Orakels von Delphi eingraviert, die in etwa lauten: »Mensch, erkenne Dich selbst, dann wirst Du das Universum erkennen.« Aber wie viele von uns können behaupten, daß sie sich wirklich und wahrhaftig »selbst erkennen«? Johann Wolfgang von Goethe warf etwas Licht auf diese Frage, als er sagte: »Erkenne Dich selbst? Würde ich mich selbst kennen, würde ich davonlaufen.« In aller Regel haben wir Angst davor, zu tief in unsere Psyche vorzudringen — vielleicht weil die innerliche Wachstumsarbeit eine Pandorabüchse unverarbeiteter Teufel und Dämonen (Ängste, Unsicherheiten, Verletzungen, Schmerzen etc.) öffnen könnte.

Wir bekommen oft zu hören, daß ein ernsthaft erkrankter Mensch seine Genesung in wirksamer und positiver Weise vorantreiben kann, wenn er ein System von Hilfe und Unterstützung entwickelt, das von außen arbeitet, wie etwa Familie, Freunde, Selbsthilfegruppen und ähnliches. Ich habe das Gefühl, daß wir auch ein *inneres Hilfesystem* entwickeln müssen, egal, ob wir gerade gesund sind oder nicht. Die Basis dafür wird natürlich ein tiefer Einblick in unsere Einstellungen, Emotionen, Reaktionen und Beziehungen bilden müssen. Wir müssen uns von allem lösen, was uns blockiert, negative Gefühle verursacht oder in irgendeiner Weise davon abhält, freier und ungezwungener zu handeln. Dann müssen wir ändern, was wir ändern *können*, und loslassen, was wir *nicht* ändern können (oder müssen). Wir müssen unsere Herzen für bedingungsloses Lieben und Verzeihen öffnen und unser Bewußtsein und unsere Fähigkeit entwickeln, liebevoller zu empfinden, zu denken, zu erkennen, zu wachsen und uns zu bewegen.

Unsere Gesamtheit als lebendige, denkende und atmende menschliche Individuen wurde durch Erfahrungen, Ereignisse und Menschen in unserer Vergangenheit geformt: Eltern, Freunde, Religion, Schule, Gesundheit, Umwelt, Beruf, Hobbys, Beziehungen und viele andere Faktoren. Es ist schön, glückliche und freudige Ereignisse der Vergangenheit in Erinnerung zu behalten, aber leider schleppen wir auch genauso viele — wenn nicht gar mehr — negative Geschehnisse mit uns herum. Sie können nicht mehr ändern, was schon geschehen ist, und dennoch: Wie oft beschäftigen wir uns im Geiste mit einem vergangenen Ereignis, sorgen uns oder bereuen ein Wort oder eine Tat und grübeln darüber nach, wie wir es hätten anders machen können. Warum sich die Mühe machen und grübeln und sich aufregen und stressen lassen von Dingen, die Sie jetzt ohnehin nicht mehr ändern können? Sie haben die Kraft, sich davon zu befreien, ein Opfer Ihrer Vergangenheit zu sein. Nur Sie können diesen Wandel bewirken. Bücher, Therapien und Philosophien können helfen und anleiten, aber sie können diese innere Arbeit nicht für Sie übernehmen. Solange wir uns *selbst nicht wirklich kennen*, wie können wir damit beginnen, zu erkennen, zu verstehen, und für *andere* eine Hilfe sein?

Wie können wir also mit dieser »inneren Reise« zur Selbsterkenntnis beginnen? Ich kann Ihnen keine endgültig verbindliche Antwort auf diese Frage anbieten. Ich kann Ihnen Wege und Ideen anbieten, aber der Prozeß ist für jeden Menschen ein anderer. Genau an diesem Punkt geht es um die Entscheidung, welchen Weg man einschlagen soll. Ohne Zweifel ist die wichtigste Arbeit, die Sie je unternehmen können, gänzlich Ihre eigene Sache. Grundvoraussetzung für Ihre eigene persönliche Entfaltung ist, daß Sie sich Ihren Ängsten stellen und sie verstehen, statt auf oberflächliche Alternativen auszuweichen. Leben ist Wandel — ein steter, fließender Prozeß —, und der Versuch, diesen Wandel und die persönliche, innere Entfaltung mit halbem Herzen zu betreiben, ist ein Weg, diesen Prozeß zu leugnen. Sie verschwenden wertvolle Energie, wenn Sie *andere Menschen* daran hindern wollen, sich zu ändern, nur um Ihre Illusion zu pflegen, Sie selbst blieben stets derselbe.

Warum soviel Zeit und Mühe auf eine sinnlose Sache verschwenden, wenn Sie sie viel wirkungsvoller dafür verwenden könnten, mit Ebbe und Flut des Lebens mitzuschwingen und sich an der Entfaltung Ihres Potentials zu erfreuen? Dieser Prozeß braucht Zeit, wie eben tiefgreifende Wandlungen in unserem Leben nicht von einem Tag auf den anderen geschehen. Vielleicht haben wir eines Tages das Gefühl, zwei Schritte vorwärts gemacht zu haben — nur um am nächsten Tag wieder einen Schritt zurückzugehen. Dies alles ist Teil des Erfahrungsreichtums des Lebens: Unser Ziel sollte sein, die Energie auf die Stärkung der Entfaltungsmöglichkeiten in uns selbst zu richten, um größere Harmonie und mehr Selbstausdruck zu entwickeln.

Der erste Schritt auf dem Weg zu unserem inneren Wachstum muß in verbesserter Fähigkeit zur Entspannung liegen. Täglich begegnen wir in unserem Leben kleineren und größeren Streßauslösern der einen oder anderen Art. Es kann sich dabei um Unbedeutendes handeln, wie Verschlafen und dann die Eile, mit der wir den Zug zur Arbeit erreichen müssen. Von dem Augenblick an, wo Sie Ihre Augen öffnen und auf die Uhr sehen, sausen Sie hektisch umher wie das weiße Kaninchen aus *Alice im Wunderland* und murmeln »Ich komm zu spät! Ich komm zu spät!« Wenn Sie dann den Zug gerade noch erwischen, plumpsen Sie erschöpft in den Sitz, Ihr Herz klopft wie verrückt und Schweißperlen rinnen über Ihre Stirn.

Der Streßauslöser kann auch ernsterer Natur sein: Entlassung aus einer Stellung oder ein kleinerer Autounfall. Entspannung bedeutet nicht nur, Ihren Körper zur Ruhe zu bringen, sondern auch, Ihren Geist *und* Ihre gesamte Einstellung dem Leben gegenüber zu entkrampfen. Das ist ein wichtiger Schritt auf dem Weg zur Entwicklung Ihres Bewußtseins.

Beginnen Sie damit, die vier Entspannungsmethoden aus Kapitel zwei in die Praxis umzusetzen: Mentale Imagination, Atmen, Körpertraining und Lachen. Und vergessen Sie nicht die Meditation, ein wichtiger Bestandteil eines entspannten Lebens.

Je besser Sie sich entspannen können, desto erfolgreicher werden Sie sein in dem Erreichen Ihrer Ziele. Wenn Sie sich entspannen, können Sie klarer denken, und so viele Hindernisse, die sich Ihnen in den Weg stellen, überwinden. Wenn Sie in Ihrem Mittelpunkt leben, werden Sie im Fluß des Lebens dahingleiten, statt bis an Ihr Lebensende gegen ihn anzukämpfen. Sie werden sich der Strömungen des Lebens bewußter (Ihrer eigenen Verantwortungen, Begrenztheiten, Interessen und auch der anderer Menschen) und sich harmonisch mit ihnen bewegen. Sie werden »sein«, statt »tun«. Hören Sie auf, nach Liebe, Glück, Gesundheit, Wohlergehen zu suchen! Fangen Sie an, glücklich, gesund und liebend zu *sein*.

In unserer heutigen Gesellschaft geben wir unserer natürlichen Spiritualität keinen Raum. Wir sind weit davon entfernt, unserem wahren innersten Kern Ausdruck zu verleihen, den liebevollen und schönen Seiten unseres Wesens. Scheinbar läßt dies das Leben oft nicht zu, oder unsere subtileren Empfindungsfähigkeiten werden von Wertvorstellungen wie Geld, Macht, Prestige etc. unterdrückt und führen uns immer weiter weg von unserem inneren Selbst.

Wir neigen dazu, erst dann einen Blick auf ergänzende Therapieformen und Selbstheilungstechniken zu werfen, wenn wir krank werden. Wir müssen davon abkommen, erst dann ans Heilen zu denken, wenn sich die Krankheit schon festgesetzt hat. Statt dessen sollten wir den Schwerpunkt darauf verlegen, Heilen dazu zu verwenden, ein ganzer Mensch zu werden, *bevor* Krankheiten die Chance haben, sich einzunisten. Wenn wir trotzdem erkranken, sollten wir psychologisch besser auf den Umgang mit diesem Zustand vorbereitet sein. Langsam können wir einen Wandel beobachten in der Art, wie wir uns selbst sehen, unseren Körper, unsere Gesundheit, unseren Geist. Die Zunahme von Seminaren zur Bewußtseinserweiterung und Selbstverwirklichung reflektiert diesen Wandel der Anschauungen. Die Leute sagen heute: »Ich möchte mehr über mich selbst erfahren«, »Ich möchte mein inneres Selbst erforschen und Kontakt mit ihm aufnehmen«, »Ich möchte an meinem Genesungsprogramm aktiv teilnehmen und für mein eigenes Wohlergehen Verantwortung übernehmen«.

Ein Mittel zur Entspannung habe ich bisher noch nicht erwähnt: Musik. Die Wirkung von Musik ist einzigartig und tiefgreifend — eine *nonverbale* Kommunikation. Es ist die *wortlose* Bedeutung der Musik, die ihr Kraft und Wert verleiht — der gemeinsame Nenner, der die Grenzen zwischen Kulturen, Völkern und Sprachen überwindet.

Ihre Kraft ist nicht erst in jüngster Zeit als eindeutig heilende bekannt geworden. Aus allen Zeiten und vielen Teilen der Welt liegen uns handfeste Beweise vor, daß Musik im Rahmen von Gesundheit und Heilkunst große therapeutische Bedeutung besitzt. Wahrscheinlich weckt sie heilende Energie durch ihre Fähigkeit, den Geist zu beruhigen und beim Zuhörer einen meditativen Zustand zu induzieren, der die linke Gehirnhälfte entspannt und gleichzeitig die rechte stimuliert. Musik kann bei jedem Zuhörer eine Stimmung erzeugen oder eine bestehende verstärken. Psychiater fanden heraus, daß Musik die Kraft besitzt, eine Stimmung in eine andere zu verwandeln, und fähig ist, Gefühle von Trauer, Depression, Verzweiflung und Hoffnungslosigkeit zu beseitigen. Physiologische Experimente ergaben, daß Musik Wut mildert und neutralisiert. Wut ist eine der zerstörerischsten Emotionen und erwächst aus Unzufriedenheit, Unglück, Unbefriedigtsein oder Entmutigung. Wut beschleunigt den Pulsschlag, erhöht den Blutdruck, unterbricht den Fluß von Magensäften, stört die Verdauung und erzeugt Muskelspannungen. Musik andererseits verlangsamt den Puls, senkt den Blutdruck, bringt die Magensäfte auf

Trab, unterstützt die Verdauungsprozesse und hat eine entspannende Wirkung auf den ganzen Körper.
In der Überzeugung, daß eine Kombination von Musik, Tanz und Arbeit mit Zahlen von wesentlicher Bedeutung für die Gesundheit von Geist und Körper sei, gründete Pythagoras (griechischer Arzt, Philosoph, Mathematiker und Astronom) 539 v. Chr. in Kroton eine Universität, wo seine Studenten einem Lehrplan folgten, der Meditation, Tanz, richtige Ernährung, Mathematik, Astronomie und Musik umfaßte.
Erst seit etwa dreißig Jahren wird die Musiktherapie in der Praxis angewandt und auf ihren therapeutischen Nutzen hin getestet. Ein Krankenhaus in Montreal benutzte klassische Musik erfolgreich als schmerzlinderndes Mittel. Eine polnische Studie mit über 400 Patienten, die unter neurologischen Krankheiten oder chronischen Kopfschmerzen litten, ergab, daß nach sechs Monaten diejenigen, die Musik hörten, die Menge der eingenommenen Schmerzmittel stark verringern konnten. Bei denen, die keine Musik hörten, zeigte sich keine Veränderung. Im Kreißsaal des Medical Center der Universität Kansas wurden Schmerzmittel weniger häufig angewendet und kamen die Entbindungen leichter und rascher voran, wenn im Hintergrund Musik gespielt wurde.
Ich verwende ausgiebig Musik bei meiner Arbeit und habe eine Reihe von Kassetten produziert, die ich häufig spiele und persönlich aufgrund ihrer beruhigenden und entspannenden Eigenschaften empfehlen kann. Hier sind einige von ihnen: The Enid — *Inner Pieces, Inner Visions*; Paul Fitzgerald und Mark Flanagan — *Quiet Water*; Annie Locke — *The Living Earth, Portraits*; Mike Rowland — *Solace, The Fairy Ring, Silver Wings*.

Musik hilft uns, unsere Konzentrations- und Empfindungsfähigkeit zu stärken, sie fördert lebendigeres Visualisieren und befreit uns von unseren inneren Ängsten. Probieren Sie einmal die folgende Übung aus, um die Kraft von Musik und ihre Wirkung auf unsere Sinne zu erleben.

Wählen Sie ein Musikstück aus (Sie haben die Wahl — was auch immer am angenehmsten für Ihre Ohren klingt, sei das Klassik, Folk, Pop, New Age oder etwas anderes) und machen Sie es sich irgendwo bequem, wo Sie sich entspannen können und nicht gestört werden. Regulieren Sie die Lautstärke auf ein angenehmes Niveau und laut genug, um andere Geräusche zu übertönen (das Ticken einer Uhr, Verkehrslärm etc.). Legen Sie sich auf den Boden, die Arme parallel zu Ihrem Körper, die Handflächen am Boden. Lassen Sie die Musik über sich hinwegfließen. Fühlen Sie, wie sie in Ihrem Körper, über und um ihn herum alles zum Schwingen bringt. Werden Sie ein Teil der Musik. Wenn Sie sich unwohl oder schwach fühlen, konzentrieren Sie sich einfach darauf, ein paar Sekunden lang tief durchzuatmen, und das Gefühl wird vergehen. Sie können nun damit beginnen, sich selbst zu vertrauen im Mitschwingen mit den Klängen und Energien, die Sie in Ihrem ganzen Körper spüren. Wenn Ihnen Gedanken und Bilder einfallen, nehmen Sie nur wahr, was Sie dabei erfahren, und lassen Sie sie zusammen mit der Musik vorbeiziehen. Bleiben Sie 20—30 Minuten lang in diesem glücklichen und entspannten Zustand: Eins mit dem Klang, befreit vom Streß, von den Sorgen, von Gesundheits-, Geld- und Beziehungsproblemen des Alltags. Hören Sie, was Ihnen die Musik erzählen will, während Sie wie eine sanfte Welle über Ih-

ren ganzen Körper hinwegströmt und dabei alles mitnimmt, was Sie in Ihrem Geist und in Ihrem Körper unterdrückt haben.
Die Gefühle, die uns Unbehagen verursachen (Angst, Schuldgefühl, Wut, Gier und Eifersucht), geben uns die Chance, durch die Arbeit mit ihnen vorwärtszukommen. Doch nur allzuoft versuchen wir sie zu ersticken und zu betäuben, wenn sie aus unserem tiefsten Inneren aufsteigen. So sagen wir beispielsweise: »Ich bin traurig« — und wenden uns dann rasch dem »Ich möchte glücklicher sein« zu, ohne nach dem tieferliegenden Grund für die Traurigkeit zu forschen. Das gleiche passiert, wenn die Schulmedizin eine Pille oder einen Trank verschreibt, um ein Symptom zu behandeln, den verursachenden Faktor aber unbehandelt läßt. Ich habe das Gefühl — und seit ich im Frühjahr 1987 damit begann, in meinen Workshops eine Abteilung für die Erforschung und Befreiung unserer Negativität einzurichten, ist es noch deutlicher geworden —, daß die Zukunft darin liegt, einen objektiven Blick auf unser Unbehagen zu richten, unseren Gefühlen und Emotionen offen und aufrichtig gegenüberzutreten und wirklich zuzuhören, was wir uns zu sagen haben. Statt zu versuchen, diese beunruhigenden Gefühle zu ignorieren, sollten wir sie als Signalgeber dafür betrachten, wo wir unserer Wahrnehmung Grenzen setzen.
Es gibt Methoden, sich auf diese Gefühle zu konzentrieren und sie dadurch zu erforschen und aus ihnen zu lernen. Sie können als nützliche Hinweisschilder dienen, um herauszufinden, wo Sie sich innerlich sperren. Heißen Sie Ihre Gefühle während des Prozesses der Erforschung willkommen, lassen Sie zu, der zu sein, der Sie

sind, und die blockierten inneren Kräfte werden freigesetzt.

Ein Tagebuch oder anderweitige Aufzeichnungen (in Buchform oder auf Tonband), können ein guter Ausgangspunkt für das Unterfangen werden, sich auf die auftauchenden Gedanken zu konzentrieren und sie in ihrer Entfaltung festzuhalten. Sie müssen kein wortgewaltiger Schriftsteller sein, und es macht auch nichts, wenn Sie Schwierigkeiten mit der Grammatik haben, weil Sie der einzige sind, der diese Aufzeichnungen zu Gesicht bekommt. Es ist Ihre Sache, wie Sie sich selbst Ausdruck verleihen. Es gibt keinen richtigen und keinen falschen Weg. Vielleicht setzen Sie sich zu Anfang einfach mit geschlossenen Augen hin und lassen Ihre Gedanken über den vergangenen Tag schweifen: die Ereignisse, die Menschen, die Orte und Situationen. Beobachten Sie, was sich in den Vordergrund drängt, und nachdem Sie darüber reflektiert haben, schreiben Sie auf, was dabei die erste Stelle eingenommen hat. Lassen Sie Ihre innersten Gefühlen so ans Tageslicht treten, wie es Ihnen am angenehmsten und natürlichsten erscheint. Konzentrieren Sie sich auf Begegnungen mit anderen Menschen — war Ihnen dabei unwohl zumute, oder fühlten Sie sich gut? Welche Gefühle rief die Begegnung hervor — Verkrampfung? Verletztheit? Freude? Wenn Sie sich beim Schreiben blockiert fühlen, machen Sie eine Pause und denken Sie darüber nach, woher die Blockade kommen könnte, oder schreiben Sie einfach auf, daß Sie nicht mit Worten ausdrücken können, was geschehen ist. Sie können später immer noch an diesen Punkt zurückkehren, wenn Sie tiefere Einsicht gewonnen haben.

Sie können nun damit fortfahren, eine Situation, eine Beziehung oder ein Gefühl zu untersuchen, indem Sie sich folgende Punkte genauer anschauen:

Ihre Erwartungen: Dinge, die Sie glauben, tun zu *müssen*, Dinge, für die Sie sich selbst die Schuld geben, oder die Sie zu tun versäumt haben.

Ihre Befürchtungen: Legen Sie sie völlig offen. Untersuchen Sie Ihre Angst: Was könnte passieren? Was würden andere von Ihnen denken? Was wäre das Schlimmste, das passieren könnte? Was wären die Folgen? Schreiben Sie es auf, und verschaffen Sie sich einen Überblick. Das wird Ihnen helfen, eine objektive Sicht der Dinge zu gewinnen und herauszufinden, was Sie tun können, um diese Ängste abzubauen. Sind sie wirklich nötig? Vielleicht entdecken Sie, daß ihr Einfluß geringer geworden ist.

Ihre Erfahrungen aus der Vergangenheit: Sie sind oft eng verbunden mit Gefühlen der Gegenwart und müssen herausgelassen werden. Beobachten Sie, ob nicht etwas Vergangenes die tieferliegende Ursache für Ihr gegenwärtiges Empfinden ist. Prüfen Sie die Einstellung Ihrer Eltern, Freunde, Kollegen, Partner. Nehmen Sie sich Zeit, diese Erinnerungen aus der Vergangenheit wieder ans Tageslicht zu holen. Auch diese Erinnerungen verlieren oft an Kraft, wenn man sie erst einmal reaktiviert hat.

Ihre mentale Bilderwelt: Schließen Sie Ihre Augen und erfahren Sie Ihre unangenehmen Gefühle. Lassen Sie ein Bild aufsteigen — so detailgenau wie möglich —, und betrachten Sie es. Wie haben Sie es erschaffen? Was löst **es** bei Ihnen körperlich und gefühlsmäßig aus? Beschreiben Sie das Bild mit Worten so eingehend wie möglich. Lassen Sie nun ein zweites Bild entstehen. Dieses Mal zeigt das Bild, wie Sie fühlen und reagieren, wenn Sie positiver mit der Situation umgehen.

Ihre wahren Wünsche und Bedürfnisse: Prüfen Sie genau, was Sie sich wünschen. Schreiben Sie Sätze auf, die mit »Ich will...« beginnen. Konzentrieren Sie sich auf diese Absichtserklärungen und darauf, wie Sie sich möglicherweise negativ programmieren, um diese Ziele *nicht* zu erreichen. Schreiben Sie in eine zweiten Spalte das Gegenteil von dem, was Sie wollen oder brauchen. Bleiben Sie dabei und beobachten Sie, wie Sie sich fühlen. Vielleicht fühlen Sie sich angenehmer?

Wie können Sie sich ändern: Sie können nun damit anfangen, zu bekräftigen, was Sie wirklich wollen. Schreiben Sie Ihre eigenen Affirmationen positiv formuliert auf. Fühlen Sie sich in die positiven Erklärungen, die Sie abgeben, intensiv ein, und glauben Sie daran. Stellen Sie sich vor, während Sie schreiben, daß diese Dinge tatsächlich eintreten. Wenn Sie eine andere Stellung suchen wollen, schreiben Sie: »Ich habe eine neue Stellung«, und visualisieren Sie sich in Ihrer neuen beruflichen Umgebung, mit neuen Gesichtern, und tun Sie dort, was auch immer Sie vorhaben. Verstärken Sie Ihre Affirmationen. Lesen Sie sie. Wiederholen Sie sie. Glauben Sie an sie — dann werden sie auch Wirklichkeit!

Glück ist ein Zustand unserer Psyche, für den Sie, und nur Sie allein, verantwortlich sind. Man kann nicht immer völlig glücklich sein, aber wenn Sie bedingungsloses

Akzeptieren, Liebe und Verzeihen entwickeln, kann sich ein innerer Friede einstellen, der Sie *immer* zufrieden sein läßt. Mehr zu lieben — uns selbst und andere — ist dringend nötig. Je mehr Liebe Sie geben und nehmen, desto mehr werden Sie fähig sein, Ihr gesamtes Potential zu entfalten und sich zu öffnen für diesen Zustand inneren Friedens.

Sich selbst und andere bejahen, Mitgefühl und aufrichtiges Interesse sind Bestandteile des Prozesses, der Ihr Herz öffnet. Lernen Sie zu lieben und mehr zu verzeihen, und lassen Sie böse Gefühle und Groll sausen. Ihr Leben richtig einzuschätzen und mehr in der Gegenwart zu leben erweitert Ihre Bewußtheit und erhöht die Wahrscheinlichkeit, daß sich der optimale Nährboden für körperliches Wohlbefinden einstellt. Ihr Herz zu öffnen bildet nicht nur eine wichtige Facette bei der Entwicklung spirituellen Bewußtseins, sondern ermöglicht uns auch, die Energie anzuzapfen und zu befreien, die sich auf der Ebene des Herzens befindet. Bedingungslose Liebe, Gefühle von Liebe, Wärme und Mitleid nicht nur unseren »Lieben« gegenüber, sondern gegenüber all denjenigen, von denen wir uns verletzt oder ungerecht behandelt fühlten — all das kann sich nicht von einem Tag auf den anderen einstellen und wird wahrscheinlich anfangs kommen und gehen. Aber wenn Sie erst einmal den richtigen Weg eingeschlagen haben, wird es ohne bewußte Anstrengung Ihrerseits zur Verwandlung kommen.

Wenn Sie entspannt sind und zu mehr Bewußtsein finden, erfahren Sie Ihren eigenen inneren Kern von Gelassenheit und Frieden. Wenn Sie in Ihrer Mitte leben, können Sie Ihre Handlungen, Worte, Gedanken, Taten, Gefühle und Ihr Verhalten in Klarheit beobachten, ohne sich zu verurteilen, ohne Schuldgefühle, Wut oder Schmerz. Der Kontakt mit dieser Mitte (die im Zustand tiefer Entspannung bzw. während der Meditation auftaucht) macht Sie weniger verletzlich. Sie erkennen sich losgelöst von den Dingen, die Sie bedrohen. Wenn Sie Ihren Geist beruhigen und seine kontinuierliche Aktivität verlangsamen, wird Ihre Selbstbeherrschung zunehmen, Sie werden weniger schnell verurteilen und weniger kritisch-analytisch sein.

Seine Mitte zu finden braucht Zeit, erwarten Sie deshalb zu Anfang nur geringe Veränderungen. Vielleicht merken Sie, daß Sie nur dann zentriert sind, wenn alles gut läuft, wenn Sie fröhlicher, aufgeräumter Stimmung sind, aber kaum geschieht etwas, was das friedliche Bild stört — Peng! Schon lassen Sie sich runterziehen. Lassen Sie nicht zu, daß dies Ihre früheren Anstrengungen untergräbt. Seien Sie sich darüber klar, daß es so kommen wird, und registrieren Sie den entsprechenden Zustand, wenn er eintritt. Beobachten Sie, was Sie aus der Mitte geworfen hat, und lernen Sie daraus, damit Sie die Zügel besser in der Hand halten, wenn so etwas wieder passiert. Nach und nach werden Sie merken, daß es immer seltener geschieht. Sie werden ein stabiles Gleichgewicht erreichen, um mit allem, was auf Sie zukommt, umgehen zu können.

Versuchen Sie es einmal mit den beiden folgenden Übungen. Die erste wird Ihnen helfen, Ihre Mitte zu finden und Ihr Herz zu öffnen, und die zweite wird Sie in Kontakt mit den Schmerzen und der Verletztheit der Vergangenheit bringen, die Sie heute, in der Gegenwart, vergeben und vergessen können.

Übung I

Nehmen Sie eine bequeme Position ein, schließen Sie Ihre Augen und konzentrieren Sie sich einige Minuten lang auf Ihre Atmung. Lassen Sie alle Ablenkungen von außen von sich abfallen. Richten Sie Ihre Aufmerksamkeit nun auf Ihre Brust und auf die Herzgegend. Rufen Sie sich Erfahrungen, die Ihnen große Freude und Liebe gebracht haben, ins Gedächtnis. Konzentrieren Sie sich auf diese Gefühle, während Sie sie neu erstehen lassen. Halten Sie an diesem Bewußtsein fest, und lassen Sie zu und bejahen Sie, was immer nach oben steigt. Wenn Sie unruhig werden, kehren Sie einfach zur Konzentration auf die Atmung zurück, bis das Gefühl nachgelassen hat und Sie sich wieder ruhig fühlen. Lassen Sie das Gefühl von Kraft Ihr Herz erfüllen, und während es stärker und stärker wird, stellen Sie sich vor, wie sich Ihr Herz wie die Blätter einer Blüte öffnet. Schauen Sie zu, wie sich jedes Blütenblatt entfaltet, während Liebe aus Ihrem Herzen strömt. Schicken Sie nun diese Wellen der Liebe hinaus zu einem Menschen, von dem Sie das Gefühl haben, daß er diese Liebe braucht, unabhängig davon, ob Sie zu diesem Menschen schon ein enges Band geknüpft haben, oder ob es ein Mensch ist, dem gegenüber Sie sehr negative Gefühle hegten.

Übung II

Sie können gleich nach Übung I weitermachen oder diese Übung für sich allein durchführen. Nachdem Sie Körper und Geist zur Ruhe gebracht haben, stellen Sie sich vor, Sie wären draußen unter dem blauen Himmel und visualisieren das Wort »Vergebung«. Machen Sie die Buchstaben so groß, wie Sie nur können, so daß der ganze Himmel mit »Vergebung« bedeckt ist. Während Sie sich auf dieses Wort konzentrieren, stellen Sie sich selbst die Frage, wem oder was Sie vergeben müssen. Tun Sie dies ohne Hast, und zwingen Sie keine Bilder oder Worte herbei, bleiben Sie nur bei diesem Gefühl und lassen Sie geschehen, was auch immer kommen mag. Bitten Sie darum, daß sich Ihr ganzes Wesen mit Verständnis und Verzeihen anfüllt, damit Sie den Groll, den Sie hegen, loslassen können. Vergeben Sie den Menschen oder Situationen, die der Vergebung bedürfen, und sehen Sie, wie das Wort »Vergebung« nicht mehr außerhalb von Ihnen existiert, sondern langsam verschwindet und zu einem Teil von *Ihnen* wird.

Wir alle senden Energiewellen aus, die mit anderen Energieformen wie Röntgenstrahlen, Radiowellen etc. in Verbindung treten. Diese Energie kann sich je nach unseren emotionalen Empfindungen zusammenziehen oder ausdehnen. Jedesmal beispielsweise, wenn Sie von Ihrem Herzen aus handeln, wenn Sie Liebe, Mitgefühl, Verzeihen und andere spirituelle Qualitäten aussenden, verstärken sich Ihre Energiewellen. Wenn Sie voll Angst, Wut oder anderer negativer Emotionen sind, ist Ihr Energiefluß eingeschränkt. In gleicher Weise blockieren Sorgen über Probleme das freie Fließen der Energie. Diese Energie (bekannt bei den Chinesen als *Chi*, *Ki* bei den Japanern, *Mana* in Polynesien, *Prana* bei den Hindus, *Orenda* bei den nordamerikanischen Indianern) ist das grundlegende Konzept, auf dem die chinesische Heilmethode der Akupunktur beruht: Krankheit nistet sich in die Bereiche des Körpers ein, in denen die Energie blockiert und am Fließen gehindert wird. Diesen Strom innerer und äußerer Energie bezeichnen die Chinesen als Yin und Yang: Yin ist die weibliche, aufnehmende Kraft und Yang die männliche, aggressive Kraft. Wie beim Atmen, wo wir ein- und ausatmen müssen, brauchen wir ein Gleichgewicht von Yin und Yang, um für ein stetes Fließen dieser Lebenskraft zu sorgen.

Diese Energie heilt auch. Am leichtesten kann man sie in den Händen und Fingerspitzen fühlen. Nehmen Sie eine bequeme Stellung ein, Ihre Füße fest am Boden und die Augen geschlossen. Tun Sie einige tiefe Atemzüge und entspannen Sie Ihren ganzen Körper. Wenn Sie bereit sind, heben Sie Ihre Hände, die Handflächen im Abstand von etwa 15 Zentimetern einander zugewandt. Bringen Sie nun die Handflächen zusammen, bis sie sich fast berühren. Nehmen Sie sie nun wieder auseinander. Achten Sie auf Ihre Empfindungen, sowohl in Ihren Handflächen als auch an Ihren Fingerspitzen. Sind sie warm? Kalt? Kribbelnd? Fahren Sie in diesem steten Rhythmus fort, bringen Sie Ihre Hände zusammen, dann wieder auseinander, verringern Sie jedesmal den Abstand. Merken Sie irgendeinen Unterschied in Ihren Empfindungen, wenn Sie die Distanz ändern? Machen Sie das ein oder zwei Minuten lang. Hören Sie dann auf, reiben Sie Ihre Hände kräftig aneinander, und fangen Sie noch einmal von vorne an. Achten Sie wieder auf Ihre Empfindungen und Änderungen im Energiefluß. Wiederholen Sie zum Schluß den gleichen Vorgang, und stellen Sie sich dieses Mal ein mentales Bild der Liebe vor — wie auch immer Sie wollen. Wie hat sich die Energie in Ihren Händen jetzt verändert? Möglicherweise fühlen sich Ihre

Hände nun wie Magneten an, die voneinander angezogen werden, wobei die Energie viel stärker und wärmer ist.
Das ist eine Übung, die ich mit den Teilnehmern meiner Arbeitskreise durchführe, und es wird immer wieder Überraschung unter den Anwesenden laut, die niemals zuvor diese subtile Energie angezapft haben. Machen Sie diese Übung, bis Sie sich voll in Einklang mit Ihrer eigenen Heilenergie gebracht haben. Sie bildet die Grundlage für die Entwicklung Ihrer Heilkräfte, um anderen helfen zu können.
Ich glaube, daß wir alle die Fähigkeit haben, andere zu heilen. Aber es ist wie mit dem Klavierspielen: Jeder kann es lernen, aber manche haben größeres Talent. Wir heilen ohnehin mehr, als wir ahnen. Manchmal passiert es in Form von freundlichen Worten oder Taten, die genau im richtigen Moment einen anderen Menschen erreichen, wenn er gerade am empfänglichsten dafür ist. Heilen bedeutet Liebe, Rücksicht, Fürsorge und die Bereitschaft, anderen zu dienen. Es ist die einfachste Sache der Welt, und ich glaube nicht, daß man einen Doktortitel der Medizin tragen oder umfangreiche Kenntnisse der menschlichen Anatomie besitzen muß, um ein erfolgreicher Heiler zu sein. Beides trifft bei mir nicht zu, und ich denke, daß das, was ich bis heute erreicht habe, für sich selbst spricht. Ich arbeite ausschließlich mit meiner Intuition, mit der Kanalisierung bedingungsloser universeller Liebe. Ich glaube, daß ich einen Ball ins Rollen bringe, dafür den Anstoß liefere, aber Heilen bildet nur einen kleinen Teil der Vorgänge. Das Wichtigste ist, auf jemand anderen zuzugehen und ihn spirituell zu berühren.
Heilen muß sich nicht auf Handauflegen beschränken.

Wir alle sind Heiler in dem Sinne, daß wir andere ständig mit den Energieformen beeinflussen, die wir aussenden, ebenso wie andererseits wir selbst beeinflußt werden. Wir alle haben irgendwann einmal die Erfahrung gemacht, durch die Gegenwart eines bestimmten Menschen belebt und inspiriert zu werden und uns in der Gegenwart eines anderen geschwächt und schwermütig zu fühlen. Vielleicht waren wir auch einmal der Katalysator, den ein anderer brauchte, um seinen Heilungsprozeß in Gang zu bringen. Dieser könnte durch etwas Simples ausgelöst werden, z. B. dadurch, daß wir uns die Zeit nehmen, ihm mit ungeteilter Aufmerksamkeit zuzuhören und seine Ängste zu teilen (oder jemand reagiert auf Sie in dieser Weise und gönnt Ihnen, ohne zu urteilen oder zu kritisieren, einen geschützten Freiraum, um offen sprechen zu können). Oder durch die Empfehlung eines Buchs, eines Therapeuten, eines Seminars. Oder es könnte eine kleine, aber bedeutungsvolle Geste sein, ein Schulterklopfen, ein Kuß auf die Wange, eine herzliche Umarmung, ein sympathisches Lächeln. Was auch immer es gewesen sein mag, irgendwo nimmt diese Geste im Gegenüber die entscheidende Bedeutung an und liefert den notwendigen spirituellen Wendepunkt, um vorwärtszukommen.

Körperliche Berührung ist ein wichtiger Aspekt beim Heilen. Ich habe schon früher erwähnt, daß viele meiner Patienten zu weinen anfangen, wenn ich meine Hände zu Beginn einer Heilungssitzung auf ihre Schultern lege. Ich habe das Gefühl, daß diese Berührung den Schmerz löst, den sie vielleicht viele Jahre lang unterdrückt haben. Die Psychotherapeutin und Krebsberaterin Stephanie Matthews Simonton berichtet in ihrem Buch *The Healing Family* von ihrer Erfahrung mit Patienten, denen sie sanft

die Hände hält oder sie streichelt, ohne zu sprechen, und die dabei in Tränen ausbrechen. Bei vielen Gelegenheiten konnte sie feststellen, daß dieser schlichte und liebevolle Akt den Damm zu brechen scheint und die aufgestauten Gefühle der Patienten befreit.
Forschung und Erfahrung weisen auf die Bedeutung von Umarmungen und Berührung hin. Für Therapeuten und Berater im psychologischen Bereich sind sie ein Weg der intensiven körperlichen Kommunikation mit einem anderen Menschen. Untersuchungen haben ergeben, daß ein frühgeborenes Baby bei täglichem Berühren und Umarmen viel weniger apnoische (Atemstillstands-)Perioden hat und viel rascher zunimmt als Babys, die weniger oder gar keinen Körperkontakt bekommen.
Im Frühjahr 1986 wurde in der Neugeborenen-Intensivstation des Hammersmith-Krankenhauses in London eine umfassende wissenschaftliche Studie begonnen. Diese Studie — die erste ihrer Art — basiert auf einer schon vor Jahrhunderten von südamerikanischen Eingeborenen praktizierten, altüberlieferten Methode. Die Eingeborenen hatten herausgefunden, daß ein zartes Baby viel Wärme und Sicherheit gewinnt, wenn es zwischen den Brüsten seiner Mutter an ihr Herz gedrückt getragen wird. Das Hammersmith-Krankenhaus arbeitet nun mit dieser Methode, und die ersten Ergebnisse sind ermutigend. Spezialisten, die diese Technik aus Bogotà, der Hauptstadt Kolumbiens, nach London brachten, glauben, daß das täglich mehrstündige Drücken des Babys an das Herz der Mutter Schock und Streß der ersten Wochen nach der Frühgeburt mildert und als psychologischer Motor für sein Wachstum und sein Gefühl des Beschütztseins dient.

Vom Moment der Geburt an haben wir alle das dringende Bedürfnis, zärtlich geliebt und umsorgt zu werden. Bleibt eine angemessene Zuwendung in jungen Jahren aus, kann dies später im Leben sowohl zu emotionellen als auch zu körperlichen Problemen führen. Dr. Maurice J. Rosenthal schrieb in einem 1952 in *Paediatrics* veröffentlichten Artikel (»Psychosomatische Studie des kindlichen Ekzems«), daß seine Hypothese, Ekzeme tauchten bei bestimmten, prädisponierten Kindern auf, weil sie von ihren Müttern keinen ausreichenden, besänftigenden Körperkontakt wie Streicheln und Umarmen erhielten, bei einer Studie mit 25 Müttern bestätigt wurde, deren Kinder von unter zwei Jahren an Ekzemen litten. Die Mehrzahl der Mütter hatte ihren Kindern nicht genügend Hautkontakt zuteil werden lassen.

Der Hautkontakt zwischen Mutter und Kind spielt auch eine zentrale Rolle bei der späteren sexuellen Entwicklung: Kinder, die nur selten gehalten und umarmt wurden, werden später als Jugendliche und Erwachsene unter einem Affekthunger nach dieser Art von Zuwendung leiden. Die Psychiaterin Anna Freud hat festgestellt, daß »gestreichelt, umarmt und durch Berührung beruhigt werden... dabei hilft, ein gesundes Körper-Selbstbild und Körper-Ego zu entwickeln«. Die Eltern unter meinen Lesern werden es wissen: Wenn Vater oder Mutter ihr erregtes oder verängstigtes Kind in den Arm nehmen, beruhigt es sich meist und fühlt sich wieder beschützt. Die Arme um jemanden zu legen ist ein Weg, Liebe ohne Worte auszudrücken. Rhythmisches Wiegen eines Menschen, während man ihn festhält, beruhigt zusätzlich. Das liegt möglicherweise in der Zeit vor der Geburt, als das Baby, von der Flüssigkeit im Mutterbauch umgeben, durch die Körperbewegungen der Mutter geschaukelt wurde.

Kathleen Keating, eine Lebenshilfe- und Facharzt-Beraterin in Kalifornien, hält überall in den USA Seminare und Workshops über Gesundheit, Wohlbefinden und Streß-Management ab. Sie nennt Umarmungen einen »gegenseitigen Heilungsprozeß... Sie öffnen sich für das Kind in Ihnen, das Liebe, Sicherheit, Stütze, Fürsorge und Spiel braucht, und Sie wenden sich an die gleichen Bedürfnisse in Ihrem Gegenüber.«

Aus Experimenten wissen wir, daß Berührungen nicht nur körperliche Veränderungen bewirken (wie bei der »therapeutischen Berührung« von Dolores Krieger), sie heben auch unser Selbstwertgefühl (»Er hat *mich* tatsächlich umarmt! Ich muß *doch* in Ordnung sein!«), helfen uns dabei, ein gutes Gefühl für uns und andere zu bekommen, und nehmen uns das Gefühl von Isolation und Einsamkeit. Wenn Sie zu den Menschen gehören, denen es schwerfällt, spontan jemanden zu umarmen oder Ihre Zuneigung durch Berührung zu zeigen, dann habe ich eine Übung für Sie, die Sie vielleicht ausprobieren möchten, um zu verstehen, woher Ihre jetzige Einstellung rührt, und welche Erfahrungen Sie in Ihrer Kindheit und Jugend mit Nähe und Körperkontakt gemacht haben.

Nehmen Sie in ungestörter Umgebung eine bequeme Position ein. Konzentrieren Sie sich mit geschlossenen Augen auf Ihre Bauchatmung. Sie können dies tun, indem Sie Ihre Hand auf den Bauch legen. Atmen Sie tief ein, so daß sich Ihr Bauch hebt und beim Ausatmen wieder senkt. Wenn Sie bereit sind, visualisieren Sie nun einen Fernsehbildschirm. Als ob Sie einem Film Ihres Lebens zuschauen, verfolgen Sie Ihr Leben zurück bis zu Ihren frühesten visuellen Erinnerungen an Berührung. Durchleben Sie noch einmal diese Erfahrung, als ob Sie genau jetzt passieren würde. Lassen Sie alle Bilder und eventuelle Gespräche nach Belieben über Ihren mentalen Fernsehschirm fließen, so lange, bis Sie bereit sind, Ihr Gerät abzuschalten. Nehmen Sie ein paar tiefe Atemzüge, lassen Sie die Bilder langsam und sanft verschwinden, kehren Sie in die Gegenwart zurück, und öffnen Sie Ihre Augen.

An dieser Stelle kann es durchaus nützlich sein, Ihre augenblicklichen Gefühle aufzuschreiben. Welche Einsichten konnten Sie aus dem Gehörten und Gesehenen gewinnen? An welche kindlichen Erfahrungen mit Körperkontakt konnten Sie sich erinnern? Auf wen bezogen sich diese Bilder? Hatten sie eine besondere Bedeutung? Sind Sie zufrieden mit dem Körperkontakt, den Sie in Ihrer Jugend erfahren haben? Wenn nicht, können Sie einen Wandel zu *neuen* Einstellungen ins Auge fassen?

Wohltuend ist nicht nur die Zärtlichkeit und die Fürsorge für andere und uns selbst. Auch Haustiere haben einen starken Einfluß auf unsere emotionalen Zustände.

Der Psychiater Dr. Aaron Katcher von der Universität Pennsylvania, einer der führenden Forscher der Mensch—Tier-Beziehung, entdeckte, daß sowohl beim Menschen als auch beim Tier während des Streichelns eines Tieres der Blutdruck deutlich absinkt. Zwischen 1975 und 1977 beobachtete man eine Gruppe von 92 Herzpatienten: Ein Jahr nach der Entlassung aus dem Krankenhaus waren nur drei von 53 Haustier-Besitzern gestorben, dagegen 11 von den 39 ohne Haustiere. Der Unterschied, so Katcher, sei nicht darauf zurückzuführen, daß Hunde mehr Auslauf brauchen, da es auch bei den zehn

Patienten, die ein anderes Tier besaßen, keine Todesfälle gegeben hatte. Es scheint jedoch, als ob sich diese heilsame Entspannungsreaktion nur bei einem Tier einstellt, dem man sich schon vorher eng verbunden fühlt. Dr. Katcher glaubt, daß das Streicheln und Sprechen mit der Hauskatze oder dem Hund die Produktion von Endorphinen stimuliert — die natürlichen Schmerzmittel und Entspannungssubstanzen unseres Gehirns.

Man hat zudem festgestellt, daß sich die (passive) Beobachtung von Tierleben förderlich auf die Gesundheit auswirkt. 1984 wurde in Philadelphia eine Studie mit Patienten durchgeführt, die alle kurz vor einer Zahnoperation standen: Eine Gruppe wurde hypnotisiert, eine zweite sollte Fischen in einem Aquarium zuschauen und die dritte Gruppe saß nur da und las etwas. Man fand heraus, daß Fische beobachten und hypnotisiert werden gleichermaßen wirkungsvoll war, und daß bei gesenktem Blutdruck und erniedrigter Herzfrequenz diese beiden Gruppen die geringsten Angstgefühle entwickelten. Die Wirkung war so stark, daß die Patienten auch während der Operation in ihrem entspannten Zustand blieben, wenn sie dabei die Augen schlossen und das Aquarium visualisierten.

Haustiere erfüllen auch den Zweck, die Aufmerksamkeit von uns selbst abzulenken. Man fand heraus, daß Haustiere im allgemeinen sieben unterschiedliche Funktionen für ihre Besitzer erfüllen: (1) Gesellschaft, (2) jemanden zu umsorgen, (3) jemanden zum Berühren und Streicheln, (4) jemanden, der einen beschäftigt, (5) ein Brennpunkt für Aufmerksamkeit, (6) körperliches Training und (7) Sicherheit.

Dr. Robert Miller, ein kalifornischer Tierarzt, stellt fest:

»Ich habe gelernt, daß es so etwas wie ein ›Haustier‹ nicht gibt. Unsere Begleiter aus der Tierwelt, die wir als Haustiere bezeichnen — seien es Hunde, Katzen oder Vögel —, spielen ganz besondere Rollen im Leben ihrer Besitzer. Sie können ein Ausdruck für unser Alter ego sein. Sie können als Totem dienen — als Symbole für das, was wir sind oder sein möchten — und als Schmuck. Sie helfen beim Rollenspiel. Und vor allem dienen sie als Ersatz: als Ersatz-Freunde, -Kinder, -Partner, -Eltern, -Diener und sogar als Ersatz-Herren.«

In einem BBC-Dokumentarfilm von 1986 über die Arbeit der Blue-Cross-Tierklinik in London wurde eine ältere Dame, die in einem Einkaufswagen vier Pekinesen-Hunde vor sich herschob, vom Reporter gefragt, warum sie denn gleich vier Hunde hätte, und ob ihre Pflege nicht große Mühe mache. Ihre heftige Antwort war, daß sie »ihr Leben« seien. Sie erklärte, daß sie die Tiere gerettet habe: Sie hatte gehört, daß ihr Nachbar umziehen mußte und sie nicht mitnehmen konnte und deshalb die Hunde einschläfern lassen wollte. Die Sorge um sie, so sagte sie, habe ihr etwas gegeben, für das es sich jeden Tag aufzustehen lohne: »Ich habe ihr Leben gerettet«, fuhr sie fort, »und sie haben meins gerettet.«

Ihre heilenden Fähigkeiten können anderen Menschen nichts nützen, wenn Sie sich in Ihrer Nähe zu einem anderen menschlichen Körper und beim Händeauflegen blockiert fühlen. Massage ist eine Methode, um dies zu überwinden. Diese heilende, entspannende Kunst bietet einen idealen Weg, um uns sowohl im Geben wie im Empfangen mit einem anderen Menschen in Kontakt zu bringen und um Ruhe und Entspannung zu vermitteln. Sie bringt uns in Haut-zu-Haut-Kontakt mit einem anderen, um ihn mit unseren Händen sanft zu umsorgen und zu behandeln, um dort, wo sich die Muskeln verkrampft haben (oft im Nacken- und Schulterbereich), die Spannungen zu lindern, und um den Lymphfluß anzuregen. Massage kann auch als natürliches Schmerzmittel dienen. In angenehmer und harmonischer Atmosphäre bildet die Massage eine ausgezeichnete Grundlage, Erfahrungen damit zu machen, Ihre Hände in Bereiche zu bewegen, in denen Sie intuitiv Verspannung, Hauttemperaturunterschiede, Muskelverhärtung etc. erfühlen können. Wenn Sie mit Ihren Händen eine sanfte, weiche und liebevolle Berührung vermitteln und im Rhythmus der Massagestriche mitschwingen (die langen, streichenden Bewegungen der *Effleurage*, das rhythmische Heben und Rollen der *Petrissage*, die raschen, kräftigen Bewegungen der *Friction*, das Klopfen des *Tapotment*), werden Sie nach und nach die anfänglichen Hemmungen ablegen und gleichzeitig Ihre Sensibilität für die Energie eines anderen Menschen erhöhen. Wenn Sie nie zuvor eine Massage gegeben haben, ist es zu Anfang vielleicht besser, mit jemandem zu üben, den Sie gut kennen und bei dem Sie sich locker fühlen, beispielsweise bei Ihrem Partner oder bei einem engen Freund oder Verwandten. Dabei fühlen Sie sich beide wohl und sicher und bekommen von dem, der massiert wird, ein Feedback zu den Techniken.

Krankheit bietet häufig eine Chance für inneres Wachstum, und oft gehen Menschen aus einer lebensbedrohenden Krankheit liebevoller, mit- und einfühlender hervor. Denn während wir alle Sympathie und Besorgnis für Menschen empfinden können, die gerade eine Krise durchmachen, können wir uns nur dann *wirklich einfüh-*

len und der *Erfahrung nachspüren*, wenn wir unsere eigenen dunklen Stunden und Tage überwunden haben. Wir hören oft von denen, die die Schlacht mit einer ernsten Krankheit geschlagen und dabei gesiegt haben, daß der Marsch durch die langen, quälenden Tage einen Persönlichkeitswandel bewirkte. Zum Beispiel der amerikanische Präsident Franklin D. Roosevelt. Einer akuten Blinddarmentzündung im Jahre 1914 folgte sieben Jahre später die Kinderlähmung, die ihn für den Rest seines Lebens an den Rollstuhl fesselte. Von seiner Frau Eleanor angespornt, nahm er seine erfolgreiche politische Karriere wieder auf und wurde ein anderer Mensch. Um seine Frau zu zitieren: »Franklins Krankheit sollte sich als getarnter Segen erweisen, denn sie gab ihm die Kraft und den Mut, den er vorher nicht besessen hatte. Einer seiner Kollegen kommentierte später, daß Roosevelt ›in den Jahren seiner Krankheit eine spirituelle Wandlung durchgemacht hat‹. Der Mann hat sich zu tiefer Warmherzigkeit entwickelt, mit einer geistigen Demut und einer tiefgründigen Philosophie, gereinigt von der etwas arroganten Einstellung, die er vorher an den Tag gelegt hatte.«
Rachel Clyne erzählt von einem Beispiel in ihrem Buch *Coping with Cancer,* das von ihren persönlichen Erfahrungen mit ihrem Mann handelt, bei dem 1982 Hodenkrebs diagnostiziert wurde. Sein persönliches Genesungsprogramm (in Kombination mit einer Operation, Chemotherapie und seiner eigenen »totalen Verpflichtung zur Besserung«), sagte sie, »war eine Chance, seinem Leben eine Wendung zu mehr Glück und Erfüllung zu geben«. Der Krebs war für ihn eine »transformierende Erfahrung«: »Sie ermöglichte es ihm, mit lebenslangen Gefühlen der Bitterkeit und des Selbsthasses ins reine zu kommen ...

er entwickelte neues Vertrauen und Selbstbewußtsein.«
Und es gibt noch viele, viele andere, die alle Hindernisse, die sich vor ihnen auftürmten, überwanden, um nach einem tiefgreifenden Wandel ihrer Persönlichkeit mit neugewonnener Lebensfreude aus ihnen hervorzugehen.

Während ich mich bisher auf meine Arbeit als Heiler konzentriert habe, um Menschen zu helfen, wieder gesund zu werden und ihre Lebensqualität zu verbessern, stehe ich aber auch Menschen bei, um in Frieden, ohne Schmerz und Leid zu sterben. Ich bin zu dem Schluß gekommen, daß wir alle eine begrenzte Zeitspanne für unser Leben auf dieser Erde zur Verfügung haben, und daß alles, was uns im Leben geschieht, unserer spirituellen Entfaltung und Entwicklung dient. Mit anderen Worten, die Dinge geschehen zweckvoll und nicht zufällig. Geht diese Spanne ihrem Ende zu, dann folgt eine andere Zeit der Entfaltung: Die Vorbereitung auf unseren eigenen Tod. Dem australischen Tierchirurgen Ian Gawler, Autor von *You Can Conquer Cancer*, hatte man 1976 nach der Diagnose eines Sekundärkrebses nur noch wenige Wochen gegeben. Mehr als elf Jahre danach weilt er immer noch gesund und munter unter uns. Er beschrieb diese Akzeptanz des eigenen Todes: »Es ist wie das Ablegen eines alten, abgetragenen Regenmantels nach einem harten Arbeitstag, man verläßt den Körper und betritt die Wärme und den Schutz eines warmleuchtenden Heimes.«
Meine erste Erfahrung mit Heilen machte ich, kurz nachdem ich mich entschlossen hatte, wieder auf den Boden der Tatsachen zurückzukehren und mit Experimenten zur Beeinflussung infraroter Strahlen und dergleichen aufzuhören, um mich auf eine lohnendere und positivere Arbeit

zu konzentrieren. Eines Tages erhielt ich zu Hause Besuch von einem Mann, der sich als italienischer Arzt vorstellte und der von meinen Krebszellen-Experimenten, die ich in Amerika durchführte, gehört hatte. Er fragte mich, ob ich bereit sei, seine Mutter zu besuchen, die ernst erkrankt war und mit Krebs in einem englischen Krankenhaus lag. Ich hatte so etwas noch niemals zuvor getan und zögerte deshalb, aber man kann nur sehr schwer nein sagen, wenn jemand vor einem steht und inständig bittet. Also begleitete ich ihn ins Krankenhaus, ohne zu wissen, ob ich überhaupt etwas tun könne, bereitete mich aber darauf vor, zu tun, was möglich war. Ich erinnere mich immer noch an den furchtbaren Schreck, den ich bekam, als ich diese schwerkranke Frau sah. Ich legte ihr jedoch meine Hände auf und begann, in der gleichen Weise zu arbeiten, wie ich es bei meinen Krebszellen im Reagenzglas getan hatte. Zu meinem Erstaunen konnte die Frau schon nach ein paar Stunden ein wenig umhergehen. Sie nahm die erste feste Nahrung nach Wochen zu sich und wirkte allgemein viel heiterer als noch vor der Heilprozedur. Natürlich war ich hocherfreut. Meine gehobene Stimmung dauerte jedoch nicht lange an, denn am nächsten Morgen erfuhr ich, daß die Frau während der Nacht gestorben war. Ich hatte das Gefühl, versagt zu haben. Meine Trauer und Enttäuschung konnte ich nicht beschreiben: Ich hatte mir *so sehr* gewünscht, daß es funktioniert. Erst viel später, mit wachsender Erfahrung, begriff ich, daß das Heilen *kein* Fehlschlag gewesen war. Es war erfolgreich insofern, als die Frau friedlich gestorben war, ohne sich sehr krank zu fühlen oder Schmerzen zu haben.

Eine weitere Erfahrung dieser Art, die einen starken Eindruck auf mich hinterließ, wurde mir vor ein paar Jahren bei einer Vortragsreise durch die USA zuteil. Man brachte einen kleinen siebenjährigen Jungen zu mir, der unter einer seltenen Krankheit litt. Ich sah ihn an, wie er in sich zusammengesunken in seinem Rollstuhl festgebunden dasaß, und fragte mich, ob es überhaupt noch etwas gab, was ich für ihn tun könne: Schon über 1,5 Millionen Dollar hatte die Krankenversicherung bezahlt, um ihn am Leben zu erhalten. Ich begann zu heilen, und während ich damit beschäftigt war, erlebte ich zwei völlig widersprüchliche Empfindungen, wie ich sie noch nie erlebt hatte. Während ich einerseits das Gefühl hatte, daß die Heilung erfolgreich war, spürte ich andererseits, daß ich den Jungen nicht retten konnte. Monate später sollte ich des Rätsels Lösung erfahren. Ich erhielt zu Hause in England einen Brief von der Mutter des kleinen Jungen, in dem sie schrieb: »Ich wollte Ihnen nur danken für die Behandlung, die Sie meinem Sohn gegeben haben. Sie war hundertprozentig erfolgreich. Auf die Stunde genau eine Woche später starb mein Sohn, in Frieden und zum ersten Mal in seinem Leben ohne Schmerzen. Danke.« Diese Erfahrung blieb mir stark im Gedächtnis, und ich glaube, sie ist ein gutes Beispiel dafür, daß Heilen nicht nur dazu dienen kann, den Kranken und Leidenden zur Gesundung zu verhelfen, sondern auch jene zu erlösen, für die die Stunde gekommen ist, »den alten, abgetragenen Regenmantel abzulegen«.

Wir müssen auch bedenken, daß wir uns dem persönlichen Wunsch derjenigen eigentlich nur fügen können (und ihr Scheiden so angenehm und schmerzlos wie möglich machen), die aufgegeben haben, die das Gefühl haben, daß es nichts mehr gibt, wofür es sich zu leben lohnt, und die entschlossen sind, nicht mehr weiterzumachen. Oder wir versuchen es mit der Heilung des Geistes. Ersteres ist wohl in Fällen fortgeschrittener unheilbarer Krankheit angebracht, bei der der Betreffende sich schon mit dem Sterben vertraut gemacht hat und den Tod als Erlösung erwartet.

Rosemary und Victor Zorzas Tochter Jane war erst 25, als sie erfuhr, daß sie Haut- und Magenkrebs (mit Metastasen in den Lymphdrüsen) hatte. Als sie fünf Monate später starb, war ihr Tod kein Aufgeben, sondern in vieler Hinsicht ein *Sieg* über den Krebs — ein Sieg über den Schmerz und die Angst. Sie verbrachte ihre letzten Wochen in einem Hospiz und begegnete dem Tod innerlich befreit, gelassen und durch Medikamente schmerzfrei. Die Zorzas schreiben (*A Way To Die: Living To The End*): »Sie ging umgeben von Liebe auf ihr Ende zu, hatte alle emotionalen Schulden bezahlt und das Muster ihres Lebens vollendet. Sie war bereit für das, was kommen mußte und akzeptierte es mit einer heiteren Ruhe, die ihre anfänglichen Ängste nicht mehr ahnen ließ.«

Der Tod des Geistes, das Gefühl, es gebe nichts mehr, wofür es sich zu leben lohne, läßt sich gut am Beispiel des Labour-Politikers Herbert Morrison beobachten. Praktisch von Geburt an auf seinem rechten Auge blind, überwand er dieses Handikap und wurde zu einer der führenden Persönlichkeiten in der Gestaltung der Labour-Politik während der dreißiger und vierziger Jahre. Er wurde 1960 zum Präsidenten des *Board of Film Censors* gewählt, und obwohl er 1962 seine Arbeit in der Labour-Partei aufgab (im Alter von 74), widmete er immer noch seine Zeit dem Oberhaus. Als ihm 1964 eine fortschreitende unheilbare Netzhauterkrankung nach und nach die Sehkraft in seinem guten linken Auge raubte,

ließ er sich davon nicht deprimieren, sondern bat einen Kollegen, seine Ansprachen mit ihm einzuüben, um sie dann aus dem Gedächtnis vorzutragen. Die Mitteilung der Cinematograph Manufacturers Association, daß sein Vertrag nicht verlängert werden würde, versetzte ihm aber kurz vor Weihnachten 1964 einen großen Schlag. Morrison nahm die Nachricht sehr schlecht auf. Von diesem Augenblick an verließ ihn merklich der Lebensmut. Anfang Februar des folgenden Jahres wurde er mit einer Darmentzündung ins Krankenhaus eingewiesen — eine schmerzhafte, aber heilbare Störung. Zu Anfang schien er sich wieder zu erholen, aber als ihm sein Hausarzt mitteilte, daß es ihm bald gut genug gehen werde, um das Krankenhaus verlassen zu können, soll Morrison geantwortet haben: »Wofür soll ich mich erholen? Ich weiß es nicht. Ich habe meine Arbeit beim Film Censor's Board verloren. In der Politik gibt's für mich nichts mehr zu tun...« Er starb am 6. März 1965. Als Todesursache wurde Hirnschlag angegeben. Bei einem späteren Gespräch stellte sein Arzt fest: »Wenn Sie mich fragen, woran er starb, ich weiß es nicht. Er starb einfach, weil er keinen Sinn mehr darin sah, am Leben zu bleiben.«
Wir alle werden eines Tages sterben. Das ist ein Tatsache des Lebens, genauso wie die Geburt und die Jahre dazwischen. Eine positive Einstellung zum Tod zu entwickeln ist genauso wichtig wie eine positive Einstellung zum Leben: Sie ergänzen einander. Auch wenn es schwerfällt, sich mit der Aussicht auf den Tod abzufinden, wird man sich leichter tun, wenn man sich seinen Gefühlen offen und aufrichtig stellt — wenn man sie herausläßt und fähig wird, sie so lange auszudrücken, wie es einem nötig erscheint.

Das Gespräch mit anderen über Tod und Sterben führt zu einem »Loslaß«-Effekt — zu einer Lösung der damit verbundenen Probleme wie der Angst vor dem Verlust alles Vertrauten, der Angst vor dem Sterben selbst und der Angst vor dem Unbekannten. Dieses Kommunizieren in der Diskussion über die praktischen wie auch über die spirituellen Aspekte führt zu einer engeren Bindung und bietet ein Ventil für unterdrückte Ängste, Depression, Wut und andere Gefühle.

In der gesamten Literatur des Ostens und besonders derjenigen der tibetanischen Buddhisten wird dem Sterben größte Bedeutung beigemessen, wobei der Augenblick des Todes als spirituelle Befreiung angesehen wird. Die Leitidee ist, dabei bewußt und wach zu bleiben. Das *Tibetanische Totenbuch* spricht von *Bardos* (die Phasen vor und nach dem Tod), die Herausforderungen für die Seele auf ihrem Pfad zur Erleuchtung mit sich bringen. Wenn man ihnen mit Gelassenheit und Ruhe begegnet, dann sind alle Ängste nur Projektionen des eigenen Denkens. Der Sterbende wird angehalten, sich nicht in diese Illusionen zu verstricken, sondern selbst im Sterben noch die Kunst des Lebens zu praktizieren. In einem Vortrag am Gestalt-Institut von San Francisco äußerte Ram Dass (spiritueller Lehrer und Schriftsteller, früher Psychologie-Professor an der Harvard-Universität) Überlegungen zum Sterben und pflichtete dieser Philosophie bei: »Der Punkt dabei ist, im Augenblick des Todes bei vollem Bewußtsein zu bleiben — damit Sie, wenn Sie sterben, ganz da sind, während der Körper geht. Es bleibt ein Bewußtseinskontinuum, auch wenn der Körper von einem abfällt. Sonst könnte Sie der Schmerz oder das Melodrama der Angst vor dem Verlust dessen, wofür Sie sich hielten, in Ketten legen.«

Aldous Huxley, Autor von *Schöne Neue Welt, Eiland,* und *Eyeless in Gaza,* mußte zusehen, wie seine erste Frau Maria 1955 an Krebs starb. In einem nach ihrem Tod verfaßten Bericht erzählt er von seinen Gefühlen und Erfahrungen. Er berichtet, wie ein Freund und Psychotherapeut sie in den Wochen vorher besuchte und in Hypnose versetzte. Er gab ihr Suggestionen, um die Übelkeit zu bekämpfen, und Huxley schloß sich mit ähnlichen Suggestionen für die Muskelentspannung an: »... darauf folgte eine viel längere Reihe von Suggestionen, die sich an tiefere geistige Ebenen richteten. Ich erinnerte sie an die Wüste, die sie so sehr geliebt hat, an die weite, kristallene Stille des Himmelsgewölbes, an die schneebedeckten Berge, den Wüstenhimmel... daran zu denken, als ob es das blaue Leuchten des Friedens sei... Ich hielt sie an, auf dieses Licht zuzugehen, sich der Freude, Liebe und dem Sein zu öffnen, und eins mit ihm zu werden. Ich wiederholte dies fortwährend, und führte sie immer tiefer in dieses Licht.« In der letzten Stunde ihres Lebens blieb Huxley bei ihr und empfahl ihr immer noch, »loszulassen, den Körper zu vergessen, ihn hier abzulegen wie ein Bündel abgetragener Kleider und sich in das Herz des rosigen Lichts der Liebe tragen zu lassen«. Am 12. Februar 1955, kurz vor sechs Uhr morgens, hörte Maria Huxley zu atmen auf und starb ohne Kampf. Aldous Huxley selbst starb ähnlich ruhevoll acht Jahre später (ebenfalls an Krebs). Seine zweite Frau Laura spornte ihn an, »›vorwärts ins Licht zu gehen. Es fällt dir leicht und du tust es eindrucksvoll und wach, bei vollem Bewußtsein, Liebling, du gehst auf das Licht zu.‹ Ich wiederholte diese und ähnliche Worte während der letzten drei oder vier Stunden. Das Aufhören des Lebens hatte überhaupt nichts Dramatisches, es war eher wie ein Musikstück, das ausklingt, so sanft in einem sempre piú piano, dolcemente ... und um zwanzig nach fünf hörte er einfach zu atmen auf.«

Wenn wir es mit einer ernsten Krankheit zu tun haben oder dem Tod gegenübertreten, werden die meisten von uns durch verschiedene Phasen gehen: zuerst Wut, dann Verleugnung, Feilschen, Depression und schließlich die Annahme. Diese fünf Phasen kommen bei allen ernsten Krankheiten vor wie auch nach einem schmerzlichen Verlust durch Tod — in der Tat nach jeder Art von Verlust. Elisabeth Kübler-Ross, Psychiater und Expertin für Sterbehilfe, hat sie zum ersten Mal charakterisiert. Eine typische Reaktion ist: »Warum gerade ich?«, und man überlegt, womit man ein solches Schicksal verdient habe, und daß es doch ungerecht sei. Verleugnung stellt einen Schutzmechanismus dar, eine Weigerung, zu akzeptieren, daß man schwer erkrankt oder daß ein geliebter Mensch gegangen ist. Eine kurze Zeit lang mag der Schutz funktionieren, aber gleichzeitig verzögert er Pläne und wichtige Dinge, die für die Zukunft getan werden müssen. Feilschen kann verschiedene Formen annehmen: Gedankliche Verträge mit Gott (»Wenn Du mich nicht sterben, sondern gesund werden läßt, dann verspreche ich, daß ich jede Woche in die Kirche gehen werde«) oder auf anderen Wegen, bei denen Versprechen als Gegenleistung für einen hinausgezögerten Tod gegeben werden.

Depression ist bei den meisten Krankheiten — vom ersten Anflug einer Grippe bis zu lebensbedrohenden Krankheiten — von zentraler Bedeutung und wird sowohl vom Patienten selbst als auch von seiner Familie, von Freunden und geliebten Menschen erlebt. Die Liebe und der Trost, den alle Beteiligten während dieser Zeit einander spenden können, ist hier allergrößte Hilfe und Stütze. Wenn man schließlich die Krankheit akzeptiert und dennoch aus jedem Tag das Maximum herausholt, im Wissen, daß einige Tage besser als andere sein werden, mildert das einen großen Teil der Belastungen und der Depression.

Ich möchte, daß Sie an diesem Punkt einmal zu lesen aufhören und Ihre Gedanken auf Ihre persönliche Wahrnehmung des Todes richten. Verfolgen Sie die Spur von Ereignissen in Ihrem Leben zurück, bei denen Sie einen Verlust erlitten — bei vielen von uns mag die erste Erfahrung mit dem Tod der Verlust eines geliebten Haustiers sein. Können Sie sich daran erinnern, wie Sie sich damals fühlten, was Ihre Emotionen und Reaktionen waren, und was Ihnen Vater und Mutter über den Tod gesagt haben? Versetzen Sie sich wieder in diese Situation. Wie verhielten sich die anderen damals (Eltern, Geschwister, Verwandte, Freunde)? Beobachten Sie Ihre Gedanken und Gefühle. Gehen Sie die Ereignisse und Handlungen im Umfeld aller wichtigen Verluste, die Sie in Ihrem Leben erlitten, durch, und erinnern Sie sich wieder. Setzen Sie all das nun in Beziehung zu sich selbst und Ihrem eigenen Tod. Wann wurde Ihnen zum ersten Mal klar, daß auch Sie einmal sterben müssen? Wie fühlten Sie sich, als Sie diese Erkenntnis traf? Hat sich Ihre Einstellung geändert — wie sehen Sie Ihren eigenen Tod heute? Welche Art von Tod visualisieren Sie für sich selbst?

Häufig sagen wir von einem Menschen, der gefährlich lebt oder aktiv sein frühzeitiges Ableben zu betreiben scheint, daß in ihm ein »Todeswunsch« zum Ausdruck kommt. Wenn Sie der Vorstellung folgen, daß Gedanken Energie darstellen, können Sie erkennen, daß die Art, wie Sie Ihr Leben zu beenden wünschen, möglicherweise zu Ihrer persönlichen Blaupause wird — besonders dann, wenn Sie sie häufig durchspielen. Wenn Sie z. B. schnell und rücksichtslos Auto fahren, wird Ihr Leben möglicherweise mit einem tödlichen Autounfall enden. Wenn Sie »sicher« sind, daß Ihre Tage in großer Angst und Schmerz enden, wird es sich wahrscheinlich so fügen. Was Sie glauben und bekräftigen, wird sicherlich auch geschehen. Sie *können* diese Blaupause ändern. Ihr Tagebuch oder Journal kann nützlich sein bei der Aufzeichnung Ihrer Befürchtungen, Ihrer mentalen Bilder und Erwartungen in bezug auf Ihren Tod und bei dem Erkennen, wie möglicherweise Ihre Vorstellung vom Tod in Ihrem Alltag an Einfluß gewinnt.

Ebenfalls als eine Art »Todeswunsch« wird man es werten, wenn sich nach einer ernsten Krankheit vernünftige Fortschritte einstellten und man dann doch aufgibt, indem man in einen Zustand der Selbstgefälligkeit abgleitet. Alle Anstrengung, die man in das eigene Gesundungsprogramm gesteckt hat (z. B. Diät, Meditation, positive Einstellungen, Entspannung, Hoffnung auf die Zukunft etc.), kommt plötzlich zum Stehen. Das kann aus einer Reihe von Gründen geschehen: Man fühlt sich schon viel besser, man glaubt sich »über das Schlimmste« hinaus, oder man läßt sich in seine alten Gewohnheiten und Verhaltensweisen zurückfallen (bei vielen Menschen wahrscheinlich genau die Dinge, die überhaupt zur Krankheit führten). Oder ein Ereignis — der Verlust eines nahestehenden Menschen, Verlust der Stellung, eheliche

Streitereien — tritt ein und löst das Gefühl aus: »Ich habe *all diese Mühen* auf mich genommen, um gesund zu werden, und nun muß *das* passieren...« Plötzlich senkt sich die Waagschale stark auf die andere Seite, und das Gefühl der Hoffnungslosigkeit, das vielleicht zu Beginn der Krankheit herrschte, kehrt zurück. Vielleicht kommt es auch zu einem Wiederaufflammen der Krankheit, oder eine andere stellt sich ein. Und wieder heißt es dann: »Ich habe so *hart* gearbeitet, und jetzt stehe ich *wieder* da, wo ich angefangen habe.«

In einem solchen Augenblick ist es durchaus lohnend, sich selbst die Frage zu stellen: »Will ich *wirklich* gesund werden?« Vielleicht meditieren Sie über diese Frage und sehen einmal, was dabei herauskommt. Die Antwort könnte dann vielleicht klarer ausfallen. »Natürlich möchte ich gesund werden.« — »Ich möchte zwar gesund werden, aber jetzt, wo ich Beruf/Frau/Mann verloren habe, fühle ich mich so mutlos...« — »Jetzt, wo ich mich so fit fühle und dabei bin, wieder mit meinem Leben zu Rande zu kommen, habe ich einfach nicht die Zeit, eine spezielle Diät einzuhalten/zu meditieren/mich mehr zu entspannen«. So könnten einige der Antworten ausfallen. Aber es gibt eine simple, alles beherrschende Tatsache: Wenn Sie Wert auf Ihre Gesundheit legen, dann werden Sie anfangen, ein bißchen freundlicher zu sich selbst zu sein. Das heißt, Sie hören damit auf, umherzuwieseln und wieder ein Dutzend Dinge gleichzeitig zu tun, sobald Sie sich wesentlich besser fühlen. Sie würden garantiert binnen kurzem all das Gute wieder zunichte machen, was Sie bis dahin in Ihre Gesundung investiert haben. Sprechen Sie über Probleme, unterdrücken Sie sie nicht. An früherer Stelle in diesem Kapitel erwähnte ich, wie Sie durch das Entdecken Ihrer Mitte mehr Beherrschung gewinnen und in vollkommenem Gleichgewicht leben können, um mit allen Ereignissen und Situationen des Lebens fertigzuwerden. Bedenken Sie, daß Ihre Krankheit wahrscheinlich ein wichtiger Wendepunkt in Ihrem Leben war: Zwar können Sie leicht wieder in Ihre alten Verhaltensmuster und Handlungsweisen zurückfallen, aber wäre es das wirklich und wahrhaftig wert, wenn Sie dabei an Ihre Lebensqualität denken?

Penny Brohn, Mitbegründerin des Bristoler Krebshilfe-Zentrums, führte einen erfolgreichen Kampf gegen ihren Brustkrebs, als er erstmals 1979 entdeckt wurde. Vier Jahre später wurde in der gleichen Brust wieder ein Knoten gefunden: Wieder kämpfte sie und siegte. Dieses Mal fragte sie sich jedoch, *warum* ihr das ein zweites Mal geschehen war. Was wollte ihr der zweite Tumor sagen? Sie begriff, daß sie es zugelassen hatte, zu einem »ausgeflippten Arbeitstier zu werden ... Ich habe mir kaum einen Augenblick des Auftankens und der Erholung gegönnt.« Diät, Vitamine und Meditation waren zu Elementen geworden, die sie mehr zufällig und hastig in einen arbeitsreichen Tag einbaute. Beim zweiten Mal war jedoch die vielleicht wichtigste Erkenntnis für Penny, daß ihre Heilung ein langfristiger *Prozeß* war, kein vereinzeltes Ereignis. Rückblickend kann sie heute sagen: »Ich kenne und akzeptiere mich nun ein wenig mehr und empfinde es deshalb als leichter, im Jetzt zu leben, ganz in diesem Augenblick zu sein. Früher wollte ich nicht für die Gegenwart leben, weil ich ständig in meine früheren Fehlschläge verwickelt war. Die Heilung, von der ich weiß, daß sie jetzt stattgefunden hat, liegt hierin begründet: Die Ge-

genwart ist für mich in Ordnung.« (Aus *Gentle Giants*, 1987).
Seien Sie ein bißchen freundlicher zu sich selbst. Seien Sie zärtlich zu dem kleinen Kind, das immer noch in Ihnen steckt, nähren Sie es. Ganz gleich, wie alt wir sein mögen, das kleine Kind, das wir einmal waren, ist immer noch irgendwo in uns eingesperrt. Nehmen Sie sich ein paar Minuten Zeit und gehen Sie zurück zu den lange vergessenen Tagen Ihrer Kindheit. Betrachten Sie sich, wie Sie waren im Alter von fünf Jahren, jünger vielleicht oder etwas älter. Visualisieren Sie so genau wie möglich, wie Sie Ihrer Erinnerung nach in diesem Alter wirkten und handelten. Holen Sie nun ein Ereignis aus dieser Zeit vor Ihr geistiges Auge, bei dem Sie sich über irgend etwas besonders erregten oder traurig waren. Erinnern Sie sich, wie Sie danach getröstet wurden und sich wieder glücklich und beschützt fühlten. Kehren Sie nun nach und nach in die Gegenwart zurück und spielen Sie die liebevollen Eltern gegenüber diesem kleinen Kind in Ihnen. Sprechen Sie Worte des Trostes und der Hilfe. Sagen Sie dem Kind, daß alles besser wird, bieten Sie ihm vielleicht ein Trostpflaster an, das den Schmerz wegnimmt. Erinnern Sie sich, was Sie als Kind bekommen haben? Ein Eis? Ein Spielzeug? Wie wäre es mit einer schönen Tasse Tee? Oder mit der neuen Schallplatte, die Sie sich selbst versprochen hatten? Wenn es damit leichter geht, nehmen Sie ein Kissen, das Ihr inneres Kind repräsentieren soll. Halten Sie es, streicheln Sie es, schaukeln Sie es, sprechen Sie liebevoll mit ihm. Bieten Sie ihm Liebe, Wärme und Trost.
Ein ständig wiederkehrendes Thema in Aldous Huxleys Werken war: »Man liebt niemals genug.« Bei einer Vorle-

sung kurz vor seinem Tod sagte er: »Es ist mir schon ein bißchen peinlich, aber nach fünfundvierzig Jahren des Forschens und Studierens ist der beste Ratschlag, den ich Ihnen geben kann, ein bißchen freundlicher zueinander zu sein.«
Dem schließe ich mich an — mit einem kleinen Zusatz:

*Seid ein bißchen freundlicher zueinander —
und zu Euch selbst.*

Weiterführende Literatur

Amodeo, John und Kris, *Being Intimate: A Guide to Successful Relationships* (Arkana, 1986).
Benson, Herbert, MD, *The Relaxation Response* (Fount Paperbacks, 1984)
—, *Beyond the Relaxation Response* (Fount Paperbacks, 1985).
Blakeslee, Thomas R., *The Right Brain: A new understanding of the unconscious mind and its creative powers* (Macmillan, 1980).
Brohn, Penny, *Gentle Giants: The powerful story of one woman's unconventional struggle against breast cancer* (Century, 1986).
Clyne, Rachel, *Coping with Cancer* (Thorsons, 1986)
Cousins, Norman, *Anatomy of an Illness* (Bantam, 1987); deutsch: *Geschichte einer Krankheit* (Rowohlt, 1980).
Edwards, Betty, *Drawing on the Right Side of the Brain* (Fontana, 1982).
Frankl, Viktor, *The Unheard Cry for Meaning* (Hodder and Stoughton, 1978); deutsch: *Der Mensch vor der Frage nach dem Sinn* (Piper, 1989).
Gawain, Shakti, *Living in the Light: A Guide to Personal and Planetary Transformation* (Whatever Publishing, Inc, 1987); deutsch: *Leben im Licht* (Heyne, 1989).
Hodgkinson, Liz, *Smile Therapy: How Smiling and Laughter Can Change Your Life* (Macdonald Optima, 1987).
Huxley, Laura Archer, *This Timeless Moment: A Personal View of Aldous Huxley* (Chatto & Windus, 1969).
Jampolsky, Gerald G., M.D., *Love is Letting Go of Fear* (Bantam, 1981); deutsch: *Liebe heißt die Angst verlieren* (Heyne, 1989).
—, *Teach Only Love* (Bantam, 1983).
—, *Goodbye to Guilt* (Bantam, 1985).
Keating, Kathleen, *The Little Book of Hugs* (Angus & Robertson, 1986).
Krieger, Dolores, Ph.D., *The Therapeutic Touch* (Prentice-Hall Inc., 1979).
Levine, Stephen, *Who Dies?* (Anchor Doubleday, 1982).

Muller, Robert, *New Genesis: Shaping a Global Spirituality* (Doubleday, 1982).
—, *Decide to...* (»18 Tips, die uns inspirieren und aufwecken sollen«) erhältlich bei Acorn Publishing, March House, Ogbourne St. George, Marlborough, Wiltshire SN8 1SU.
O'Neill, Cherry Boone, *Starving for Attention* (Dove Communication, 1982).
Pearsall, Dr. Paul, *Super Immunity* (McGraw-Hill, 1987).
Powell, Ken, *Fight Stress and Win* (Thorsons, 1988).
Roet, Dr. Brian, *Hypnosis: A Gateway to Better Health* (Weidenfeld & Nicholson, 1986).
—, *All in the Mind* (Macdonald Optima, 1987).
Roman, Sanaya, *Personal Power Through Awareness* (H. J. Kramer Inc., 1986).
Russell, Peter, *The Awakening Earth* (Arkana, 1988).
Shattock, E.H., *A Manual of Self-Healing* (Turnstone Press, 1982).
Siegel, Bernie S., MD, *Love, Medicine and Miracles* (Rider, 1986).
Simonton, O. Carl, MD, *Getting Well Again* (Bantam, 1980); deutsch: *Wieder gesund werden* (Rowohlt, 1982).
Simonton, Stephanie Matthews, *The Healing Family* (Bantam, 1984); deutsch: *Heilung in der Familie* (Rowohlt, 1989).
Stanton, Dr. H.E., *The Plus Factor: A Guide to Positive Living* (Macdonald Optima, 1988).
Zorza, Rosemary und Victor, *A Way to Die: Living to the End* (Andre Deutsch, 1980).

*

Die folgenden Bücher enthalten umfangreiche Verweise auf Matthew Manning und seine Arbeit

Harvey, David, *The Power to Heal* (Aquarian Press, 1983).
Inglis, Brian und West, Ruth, *The Alternative Health Guide* (Michael Joseph, 1983).
Lloyd Fraser, John, *The Medicine Men* (Thames/Methuen, 1981).
Manning, Matthew, *The Link* (Colin Smythe, 1974).
Van Straten, Michael, *The Complete Natural Health Consultant* (Ebury Press, 1987).

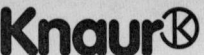

Nakamura, Takashi
Das große Buch vom richtigen Atmen
Mit Übungsanleitungen zur Entspannung und Selbstheilung für jedermann mit altbewährten Methoden der fernöstlichen Atemtherapie. 336 S., 120 s/w-Abb. [4156]

Ram Dass
Reise des Erwachens
Ein Handbuch zur Meditation.
Ram Dass nimmt uns mit auf eine Reise, die »Reise des Erwachens«, und er eröffnet uns dabei ein vielfältiges Angebot, aus dem wir wählen können: Mantra, Gebet, Singen, Visualisierung, »Sitzen«, Tanzen u. a. Er ermöglicht uns somit einen Zugang zum spirituellen Pfad. 256 S. [4147]

Faraday, Ann
Die positive Kraft der Träume
Die Psychologin und Traumforscherin Ann Faraday hat eine Methode entwickelt, die jedem die Möglichkeit gibt, die individuelle Symbolik seiner eigenen Träume zu entschlüsseln. 267 S. [4119]

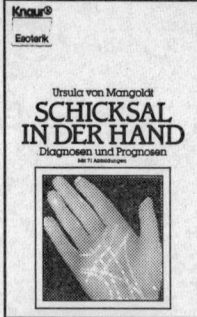

Mangoldt, Ursula von
Schicksal in der Hand
Diagnosen und Prognosen.
Die Deutung der Anlagen und Möglichkeiten, wie sie in den Signaturen beider Hände sichtbar werden, sind die Schwerpunkte dieses Buches.
256 S. mit 72 Abb. [4104]

Monroe, Robert A.
Der Mann mit den zwei Leben
Reisen außerhalb des Körpers.
Dieser sensationelle Bericht beruht auf 12jähriger Beobachtungszeit, in der der Autor über 500mal seinen Körper verließ. Monroe tritt damit den Beweis an, daß der Mensch einen physischen Körper besitzt und sich sogar von diesem trennen kann.
288 S. [4150]

Der Eingeweihte
Eindrücke von einer großen Seele.
Der Autor berichtet von einem »Eingeweihten«, der sein Leben entscheidend beeinflußte, ohne aber jemals seine Entscheidungsfreiheit einzuschränken. 256 S. [4133]

Jones, Marthy
In die Karten geschaut
Marthy Jones hat sich des mündlich tradierten Zigeunerwissens um das Kartenlegen angenommen und in diesem Buch zusammengefaßt. Die verschiedenen Legesysteme werden erläutert und alle 52 Spiel-Karten gründlich interpretiert.
288 S. mit Abb. [4153]

Kirchner, Georg
Pendel und Wünschelrute
Handbuch der modernen Radiästhesie. Georg Kirchner geht auf alle radiästhetischen Anwendungsbereiche ein, erklärt sie anhand zahlreicher Beispiele. 336 S. mit 50 s/w-Abb. [4127]

ESOTERIK

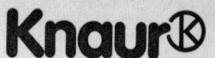

Pollack, Rachel
Tarot – 78 Stufen der Weisheit
Tarot kann Lebenshilfe, Entscheidungshilfe, Wegweiser durch schwierige Situationen und Schlüssel zur Selbstfindung sein – wenn wir verstehen, die Geheimnisse seiner Bilder und Symbole zu dechiffrieren.
400 S. mit 100 Abb. [4132]

Das Tarot-Übungsbuch
Während das überaus erfolgreiche erste Buch der Autorin, »Tarot«, eine Einführung darstellt, setzt dieses Buch gewisse Grundkenntnisse voraus. Die hier geschilderten markanten Beispiele werden dem Leser zahlreiche Anregungen für die eigene Tarot-Praxis vermitteln.
240 S. mit s/w-Abb. [4168]

Tietze, Henry G.
Entschlüsselte Organsprache
Krankheit als SOS der Seele. Verdrängte und unterdrückte Gefühle schlagen sich in ganz bestimmten Körperregionen nieder, wo sie schließlich psychosomatische Krankheiten verursachen.

Der Psychotherapeut Henry G. Tietze gibt einen Überblick über das Wesen dieser Krankheiten, ihre Ursachen und ihre Behandlungsmöglichkeiten.
272 S. [4175]

Sasportas, Howard
Astrologische Häuser und Aszendenten
Neben dem Tierkreiszeichen-System ist das Häuser-/Aszendenten-System die zweite, überaus bedeutsame Quelle astrologischer Interpretationsmöglichkeit. Seltsamerweise gibt es hierzu kein einziges, für die Deutungspraxis brauchbares Buch.
624 S. mit s/w-Abb. [4165]

Sakoian, Frances / Acker, Louis S.
Das große Lehrbuch der Astrologie
Wie man Horoskope stellt und nach neuesten wissenschaftlichen Erkenntnissen Charakter und Schicksal deutet. 551 S. mit zahlr. Zeichnungen. [7607]

Schwarz, Hildegard
Aus Träumen lernen
Mit Träumen leben. Dieses Traumseminar geleitet uns über einen Zeitraum von acht Abenden in die Welt der Träume. Ein Symbolregister ermöglicht es, diese tiefgehende Einführung auch als Nachschlagewerk zu benützen.
272 S. [4170]

Garfield, Patricia
Kreativ träumen
Die Autorin erläutert ausführlich und leicht verständlich jene Techniken, mit Hilfe derer jedermann innerhalb kurzer Zeit entscheidenden Einfluß auf seine Träume nehmen kann. 288 S. [4151]

ESOTERIK

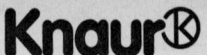

Rüdiger Dahlke
Gewichtsprobleme

Be-Deutung und Chance von
Übergewicht und Untergewicht

Jeder zweite Deutsche ist übergewichtig. Der Autor erläutert hier die verschiedenen Bedeutungsebenen von Übergewicht und Untergewicht – vom Isolationspanzer bis zum Kummerspeck –, die geklärt und in ihrer Symbolik durchschaubar gemacht werden. Diese Art, mit dem im jeweiligen Gewicht verborgenen Problem umzugehen, führt zu einer neuen Haltung gegenüber den eigenen Pfunden.

192 S. TB 4215.

Rüdiger und Margit Dahlke
Die Psychologie des blauen Dunstes

Be-Deutung und Chance des Rauchens

Jedes Krankheitssymptom hat seine Be-Deutung und damit eine Botschaft für den Betroffenen – auch das Rauchen. Aus ihren Erfahrungen in Beratung, Psychotherapie und Medizin entwickeln die Autoren Konzepte, die den unterschiedlichen Rauchertypen den Rückweg in die Freiheit sichtbar machen, den Weg aus der Nikotin-Sucht zurück zur urmenschlichen Sucht.

208 S. TB 4214.

Rüdiger Dahlke